基于绩效视角的薪酬激励有效性研究

张 莎 著

北京工业大学出版社

图书在版编目（CIP）数据

基于绩效视角的薪酬激励有效性研究 / 张莎著 . —北京：北京工业大学出版社，2018.12（2021.5）
ISBN 978-7-5639-6477-2

Ⅰ. ①基… Ⅱ. ①张… Ⅲ. ①企业管理－工资管理－研究 Ⅳ. ① F272.923

中国版本图书馆CIP数据核字（2019）第019522号

基于绩效视角的薪酬激励有效性研究

著　　者：	张　莎
责任编辑：	郭佩佩
封面设计：	亚龙文化
出版发行：	北京工业大学出版社
	（北京市朝阳区平乐园100号　邮编：100124）
	010-67391722(传真)　bgdcbs@sina.com
经销单位：	全国各地新华书店
承印单位：	三河市明华印务有限公司
开　　本：	787毫米×1092毫米　1/16
印　　张：	13.5
字　　数：	270千字
版　　次：	2018年12月第1版
印　　次：	2021年5月第2次印刷
标准书号：	ISBN 978-7-5639-6477-2
定　　价：	59.80元

版权所有　翻印必究

(如发现印装质量问题，请寄本社发行部调换 010-67391106)

内容简介

《基于绩效视角的薪酬激励有效性研究》是一本从绩效视角讨论薪酬激励有效性的研究专著。该书基于交易成本理论、委托代理理论、利益相关者理论、激励理论、人力资本理论和战略薪酬理论等，将绩效考核引入薪酬管理中，深入分析薪酬激励影响企业绩效的机理，并构建了薪酬激励影响企业绩效的理论模型。同时，该书对企业薪酬激励有效性进行了重点分析，并就如何完善企业薪酬激励有效性提出了相关建议，旨在为提高现代企业管理水平提供理论上的借鉴。

前　言

　　企业用人最重要的是对员工做出公正、合理的考核，并通过薪酬来激励员工的工作热情。企业的价值管理有三个环节，即价值创造、价值评判和价值分配，其中绩效管理承担了价值评判的重任，薪酬管理承担了价值分配的重任，没有一套合理的价值评判与价值分配体系，企业很难纳入优秀的人才，因而企业的经营目标也会落空。鉴于此，作者著写了《基于绩效视角的薪酬激励有效性研究》一书。

　　《基于绩效视角的薪酬激励有效性研究》一书系统地介绍了绩效考核与薪酬激励的基本理论和常用的方法与技巧，对绩效考核与薪酬激励各个环节都做了具体的介绍，根据企业内部不同岗位人员的特点设计出适合他们的绩效指标体系及薪酬激励体系，并给出了相应的实例，为企业的绩效与薪酬管理工作提供了一整套完善的管理工具，是一部使企业的绩效与薪酬精细化管理得以有效落实的工具书。本书在介绍理论的同时，注重从实际操作的角度讲述各种常用的考核与激励技术。

　　作者在写作本书过程中参考了大量专著和文献，在此，向这些专著的作者、编者和出版社以及为本书提出宝贵意见的领导、专家和朋友致以衷心的感谢！

　　由于成书仓促和作者水平有限，书中难免有不足之处，敬请批评指正。

作　者

2018 年 9 月

目 录

第一章 绩效考核与薪酬管理 … 1

第一节 薪酬概述 … 1
第二节 绩效考核 … 12
第三节 薪酬管理 … 21

第二章 绩效考核方法 … 27

第一节 目标管理法 … 27
第二节 平衡计分卡 … 33
第三节 关键绩效指标法 … 41
第四节 其他绩效考核方法 … 48

第三章 薪酬体系设计 … 61

第一节 职位薪酬体系设计 … 61
第二节 技能薪酬体系设计 … 69
第三节 能力薪酬体系设计 … 81

第四章 不同职位人员的绩效考核设计 … 91

第一节 销售人员的绩效考核设计 … 91
第二节 采购人员的绩效考核设计 … 101
第三节 行政人员的绩效考核设计 … 106

第五章　不同职位的薪酬体系设计 ··· 113

第一节　基层管理人员的薪酬体系设计 ······························· 113
第二节　专业技术人员的薪酬体系设计 ······························· 116
第三节　销售人员的薪酬体系设计 ······································ 121

第六章　高管薪酬对公司绩效的影响 ··· 127

第一节　高管薪酬与公司绩效关系的相关文献综述 ·············· 127
第二节　高管薪酬对公司绩效影响的实证研究 ····················· 136
第三节　基于公司绩效视角的高管薪酬设计的政策性建议 ···· 143

第七章　企业高管薪酬激励机制的构建与运行 ···························· 149

第一节　企业高管薪酬激励机制构建的适宜环境 ·················· 149
第二节　企业高管薪酬激励机制设计 ·································· 156
第三节　企业高管薪酬激励机制的运行及监管 ····················· 180

第八章　基于绩效视角的高管薪酬激励有效性研究——以五粮液公司为例 ·· 191

第一节　五粮液公司高管薪酬现状分析 ······························· 191
第二节　基于绩效视角的五粮液公司高管薪酬激励有效性的实证分析 ··· 196
第三节　基于绩效视角的五粮液公司高管薪酬激励的建议 ···· 204

参考文献 ·· 207

第一章　绩效考核与薪酬管理

第一节　薪酬概述

一、薪酬的内涵

(一) 薪酬

1. 对薪酬概念的界定会因时代不同而有所区别

薪酬曾经使用工资、薪金、薪水或薪资等概念表示，直到20世纪80年代，人们更多使用的是"薪酬"一词，20世纪90年代以后将所有薪酬形式都囊括在"整体薪酬"或"总薪酬"的范畴内。

工资是劳动者付出劳动以后，以货币形式得到的劳动报酬。国际劳动组织《1949年保护工资条约》中对工资的定义是："'工资'一词系指不论名称或计算方式如何，由一位雇主对一位受雇者，为其已完成和将要完成的工作或已提供或将要提供的服务，可以货币结算并由共同协议或国家法律或条例予以确定而凭书面或口头雇用合同支付的报酬或收入。"我国原劳动部在《关于贯彻执行〈中华人民共和国劳动法〉若干问题的意见》中对工资的定义是："'工资'是指用人单位依据国家有关规定或劳动合同的约定，以货币形式直接支付给本单位劳动者的劳动报酬，一般包括计时工资、计件工资、奖金、津贴和补贴、延长工作时间的工资报酬以及特殊情况下支付的工资等。"由此可见，"工资"是劳动者劳动收入的主要组成部分。

薪金又称薪俸、薪给、薪水。薪水，按《辞海》的解释，旧指俸给，意谓供给打柴汲水等生活上的必需费用。一般而言，劳心者的收入为薪金，劳力者的收入为工资。在日本，工资被认为是对工厂劳动者的给予，薪金是对职员的给予；在我国台湾地区，薪金与工资统称为薪资；在美国，薪金指的是那些免于《公平劳动标准法案》中关于加班规定管制的员工所获得的基本报酬，这些员工主要是管理人员和专业技术人员，他们的报酬采取年薪或月工资的形式，不采取小时工资制，因此也没有加班工资。因此，薪金和工资是基本报酬的两种表现形式，都是工作的报酬，在本质上并无差别。只是工资是以小时或周来计算基本薪酬的，以这种方式得到基本薪酬的人主要是一些蓝领工人，这些人如果加班是要拿加班工资的。不过，近些年来，美国的一些企业，比如惠普以及IBM等公司则将所有员工的基本薪酬都定位在薪金上，从而来支持这样一种管理哲学，即所有的员工都是以团队的形式在进行工作的，因此他们不应该被人为地划分为薪金工人和工资工人。

薪酬是比工资和薪金内涵更广泛的一个概念，它不仅包括以货币形式支付的劳动报酬，还包括以非货币形式支付的短期报酬形式，如补贴、工作津贴、物质奖励等。

2. 对薪酬概念的界定会因观察角度不同而有所区别

美国当代薪酬管理学者乔治·T. 米尔科维奇（Gerge T. Milkovich）界定的薪酬是指雇员作为雇佣关系中的一方所得到的各种货币收入，以及各种具体的服务和福利之和。这一概念清楚地界定了薪酬的主客体之间的关系以及薪酬支付的内容和形式，并体现了薪酬的基本内涵。

东北财经大学教师金萍认为薪酬是员工向其所在单位提供劳动或劳务而获得的各种形式的酬劳或答谢。

西安石油大学教授苏列英认为薪酬是指员工从事某企业所需要的劳动从而得到的货币形式和非货币形式的补偿，是企业支付给员工的劳动报酬。

闫大海认为薪酬是指企业针对它的员工给企业所作的贡献，包括员工实现的绩效、付出的努力与占用的时间，以及他们的学识、技能、经验与创造，所付给的相应的回报或答谢。

周文认为薪酬是员工为企业提供劳动而得到的回报的总和。薪酬包括物质回报（硬报酬）和非物质回报（软报酬）两个部分。

这些对薪酬概念的界定，表达详尽程度不同，但其实质是一样的，即薪酬是一种公平的交易或交换关系，是员工在向组织让渡其劳动或劳务使用权后所获得的报偿，只是报偿的形式有多种。

本书沿用劳动经济学博士刘昕的观点，即薪酬是指员工因为雇佣关系的存在而从雇主那里获得的所有各种形式的经济性报酬以及有形服务和福利。

（二）报酬

1. 报酬的含义

为更清晰地理解薪酬的内涵和外延，我们需要引出另一个非常重要的概念——报酬，即广义的薪酬。我们将一位员工因为为某一组织工作而获得的所有各种他认为有价值的东西统称为报酬。

2. 报酬的分类

依报酬本身对工作者所产生的激励强化形式，分为外在报酬和内在报酬。外在报酬指员工因劳动付出而获得的各种形式的收入，分为货币薪酬和非货币薪酬两类。货币薪酬包括工资（薪资）、奖金、福利、津贴、股票期权等；非货币薪酬包括非货币性的服务以及各种间接以货币形式支付的福利等，如医疗保险、带薪休假等。内在报酬指由于员工努力工作而受到晋升、表扬或重视等，从而产生的工作荣誉感、成就感、责任感。外在报酬的优点是相对较容易定性及定量分析，在不同个人、公众和组织之间进行比较也较好操作，对于那些从事复杂性劳动的员工来说，如果对外在报酬产生不满，就可以通过增加薪酬来解决。因此，在目前所有比较现代化的激励手段中，货币无疑仍是最重要的激励因素。内在报酬的特点是难以进行清晰的定义，不易进行定量分析和比较，没有固定的标准，操作难度比较大，需要较高水平的管理艺术，管理人员或专业技术人员对于内在报酬的不满难以通过提薪获得圆满解决。

依报酬是否以金钱(货币)的形式表现，分为经济性报酬和非经济性报酬。经济性报酬指工资、奖金、津贴等直接的经济性报酬，福利待遇培训、退休计划、保险计划、无息贷款、餐饮等间接的经济性报酬，带薪休假、休息日(弹性工作时间)、病事假等其他经济性报酬。非经济性报酬指员工对组织及对工作本身在心理上的一种感受。如工作方面的有感兴趣的工作、挑战性、责任感、成就感等，企业方面的有参与企业管理、被尊重、社会地位、个人成长(升迁)等，其他的还有友谊及关怀(良好的人际关系)、舒适的工作环境、便利的生活条件(如企业为职工排忧解难)、良好的企业文化等。

(三) 薪酬的作用

薪酬是员工从事劳动或工作的物质利益前提，它与员工的切身利益密切相关，是影响和决定员工的劳动态度和工作行为的重要因素之一。对大多数企业来说，薪酬是企业总成本的重要组成部分，一些企业的工资成本占企业总成本的30%或更多。薪酬是能够为企业带来预期收益的资本，是用来交换劳动者活劳动的一种手段。薪酬作为企业生产成本，是资本的投入，因而企业期望获得一定的资本回报。因此如何设计和管理薪酬的整个分配和运作过程，即评价员工的工作绩效、促进劳动数量和质量的提高、激励员工的劳动积极性、使企业获得最大限度的回报，成为管理者的重要职责。

对员工来讲，薪酬是他们从企业获得相对满足的保障，是维持生活、提高生活质量的重要前提。据权威机构近20年的研究资料显示：在所有的工作分类中，员工一直都将工资收益视为最重要的工作指标。因此，薪酬能极大地影响员工的行为和工作绩效。

薪酬在任何企业都是非常基础而且非常重要的，一个企业不仅需要有一定竞争力的薪酬吸引人才，还需要有一定保障力的薪酬留住人才。如果薪酬水平太低或与外界的差异过大，员工肯定会选择到其他地方寻找高收入的机会，从而造成人才流失。经济性报酬会在中短期内激励员工并调动员工的积极性，却不是万能的；而非经济性报酬对员工的激励是中长期的，是最根本的。企业应把经济性报酬和非经济性报酬结合起来激励员工，让员工感受到自己的价值并看到自己的发展前景，从而为企业努力工作。

在市场经济条件下，员工通过在企业的生产和劳动行为换取薪酬，以满足个人及其家庭的生活需求。合理的薪酬制度和薪酬水平，可以使员工有一种安全感和对预期风险的心理保障意识，从而增强对企业的信任感和归属感；反之，则会使员工产生不公平和不信任的感觉，从而影响员工的积极性。

二、薪酬的构成

一般而言，员工的薪酬由多个部分构成，主要包括基本薪酬、可变薪酬和间接薪酬三大部分。

(一) 基本薪酬

基本薪酬是指一个组织根据员工所承担或完成的工作本身或者是员工所具备的完成工作的技能或能力而向员工支付的稳定性报酬。

确定基本薪酬的标准有以下三种。第一，大多数情况下，企业是以员工所承担的工作本身的重要性、难易度、责任大小或者是对企业的价值来确定员工的基本薪酬，即职位薪酬制。它根据职位的工作性质支付基本薪酬，只反映工作本身的价值。第二，有些情况下，企业对于一些专业技术人员或者所有员工，根据其所拥有的完成工作的技能水平来确定基本薪酬，即技能薪酬制。例如在为科技人员确定基本薪酬时，企业按照员工所拥有的技能或教育经历而不是员工所承担的工作性质来决定基本薪酬。第三，有些情况下，企业根据员工完成职位工作所应具备的能力（含技能、知识、能力、行为特征、个性特征等）高低，来确定基本薪酬，即能力薪酬制，这种标准反映员工因为经验或工作态度而引起的对企业贡献的差异。实际上，第一种情况是基于职位的薪酬体系，后两种情况是基于任职者的薪酬体系。

基本薪酬是一位员工从企业那里获得的较为稳定的经济报酬，因此，这一薪酬组成部分对于员工来说是至关重要的，其原因有：①基本薪酬的数额是以企业所确定的基本薪酬等级标准为依据的，而等级标准在一定时期内相对稳定。②基本薪酬是劳动者在法定工作时间内和正常劳动条件下所完成的定额劳动报酬，可变薪酬是超额劳动报酬。③基本薪酬具有综合性的特点，员工完成的工作只有在全面考核合格后才能取得相应的报酬；其他薪酬属于单一性的，用于衡量工作完成的标准有成本节约、产品数量、产品质量、税收、投资收益、利润增加等。④基本薪酬能较全面地实现薪酬的各项职能，对调动员工积极性、激励员工努力完成生产或工作任务及刻苦钻研业务、提高员工的素质具有重要意义。⑤基本薪酬具有基准性的特点。基准性包括两层含义：第一，基本薪酬是其他薪酬模块的计算基准，其他薪酬模块的数额、比例及其变动均以基本薪酬为基准。第二，为保证员工的基本生活需要，政府对员工基本薪酬的下限作强制性规定，推行最低工资保障制度。因此，对不能保证获得其他薪酬的员工，其基本薪酬的数额不能低于法定的最低工资标准。

基本薪酬也会有变化和调整，它的变动主要取决于以下六个方面的因素：一是总体生活费用的变化或者是通货膨胀的程度。二是其他企业支付给同类员工的基本薪酬的变化。三是国家政策的变化，如最低工资标准的调整。四是同类劳动力市场供求状况的变化。五是企业所处的行业、地区以及企业所在产品市场竞争程度等。六是员工本人所拥有的知识、经验、技能的变化以及由此而引起的员工绩效的变化。第六点因素是最重要的一种基本薪酬变化方式，即是与员工的绩效有关的加薪，因此可根据员工的实际工作绩效确定的基本薪酬增长为绩效加薪。由于这是一种用来承认员工过去的令人满意的工作行为以及业绩的基本薪酬增长方式，因此，绩效加薪往往与企业的绩效管理制度紧密联系在一起。

(二) 可变薪酬

可变薪酬，也称绩效薪酬，是企业为员工提供的超额劳动或劳务的报酬，包括奖金、红利、利润分享、股票认购等。其具有以下几个特征：①超常性。可变薪酬的支付客体是超额劳动，是突出的劳动业绩。也就是说，可变薪酬仅支付给提供了超额劳动或突出劳动绩效的员工。②浮动性。可变薪酬的数额随超额劳动量或劳动绩效的变动而上下浮动。③多样性。可变薪酬的表现形式包括红利、利润分享及通常所说的奖金等。④考核的单一性。考核的业绩可以是成本节约、产品数量(或销售量)增加、产品质量提高、税收增长、投资收益、利润增加、新增客户，也可以是资产增值等，只要某一方面超出定额任务或标准，即可获得相应报酬。

可变薪酬对于员工具有很强的激励性，对于企业绩效目标的达成具有非常积极的作用。它有助于企业强化员工个人、员工群体乃至企业全体员工的优秀绩效，从而达到节约成本、提高产量、改善质量以及增加收益等多种目的。

在现代企业薪酬中，根据可变薪酬支付的时限，可以把可变薪酬分为短期可变薪酬和长期可变薪酬两种。短期可变薪酬一般都是建立在非常具体的绩效目标基础上的，其主要表现形式是奖金。奖金是企业对员工超额劳动或突出绩效以货币方式支付的奖励性报酬，目的是激励员工提高劳动效率和工作质量。而长期可变薪酬的目的则在于鼓励员工努力实现跨年度或多年度的绩效目标。许多企业的高层管理人员和一些核心技术人员所获得的企业股权以及与企业长期目标（如投资收益、市场份额、净资产收益等）的实现挂钩的红利等，都属于长期可变薪酬的范畴。与短期奖励相比，长期奖励能够将员工的薪酬与企业的长期目标实现联系在一起，并且能够对一个企业的组织文化起到一种更为强大的支持作用。在现代薪酬管理中，可变薪酬尤其是长期可变薪酬越来越成为薪酬管理的重心。

（三）间接薪酬

间接薪酬又称员工福利与服务。间接薪酬与基本薪酬和可变薪酬存在明显的不同，间接薪酬不是以员工向企业供给的工作时间为单位来计算薪酬的，其表现形式主要是企业为员工提供的各种与工作和生活相关的物质补偿和服务形式，包括：国家法定福利、企业福利和员工个人福利等。法定福利，主要是指社会保险和社会保障制度；企业福利，主要指企业举办或者通过社会服务机构举办的、供员工集体享用的福利性设施和各种工作生活服务，例如住房计划、企业年金和保健计划、带薪休假、集体生活设施和服务以及满足员工多种需求的培训等；员工个人福利，主要指对特殊岗位和特殊身份的员工所提供的某些福利，不具有全员性质。

一般情况下，间接薪酬的费用由企业全部支付，但有时也要求员工承担其中的一部分。从支付形式看，传统的员工福利以非货币形式支付为主，如员工个人及其家庭服务（儿童看护、家庭理财咨询、工作期间的餐饮服务等）、健康以及医疗保健等，但随着企业部分管理职能的社会化，一些间接薪酬也以货币的形式支付，如社会保险、人寿保险、特殊津贴、交通补贴、电话补贴、餐饮补贴、住房补贴、出差补贴、节日费等。

间接薪酬支付方式有其独特的价值。首先，由于减少了以现金形式支付给员工的薪酬，因此企业通过这种方式能达到适当避税的目的；其次，间接薪酬为员工将来的退休生活和一些可能发生的意外事件提供了保障；再次，间接薪酬是调整员工购买力的一种手段，使得员工能以较低的成本购买自己所需的产品，比如健康保险、人寿保险等；最后，间接薪酬可以满足员工多种工作和生活需求，具有货币薪酬所不能比拟的提供服务、增强企业凝聚力等功能，是一种"柔性薪酬"。因此，近些年来，间接薪酬成本在国外许多企业中的上升速度相当快，许多企业还采取了自助餐式的福利措施来帮助员工享受更多更适合自己的福利和服务。

三、薪酬的功能

薪酬的功能是指薪酬作为生产投入和分配的结果，作为市场经济的杠杆和企业的激励机制，在社会经济活动中客观上应当发挥的功能。

薪酬既是企业对员工提供的收入，同时也是企业的一种成本支出，它代表了企业和员工之间的一种利益交换关系。对双方来说，这种经济交换关系非常重要。下面我们从员工、企业和社会三个方面来介绍薪酬的功能。

（一）员工方面

1. 补偿功能

所谓补偿功能是指单位对劳动者在提供劳动、消耗脑力和体力、运用知识和技能而进行补偿的一种功能，它是薪酬的基本职能。

从经济学的角度讲，薪酬实际上就是劳动力这种生产要素的价格，其作用就在于通过市场将劳动力尤其是具有一定的知识、技能和经验的稀缺人力资源配置到各种不同的用途上去。它表现为企业和员工之间达成的一种供求契约，企业通过使用员工的劳动来创造价值，员工得到相应的经济补偿。

在当前情况下，劳动是人们主要的谋生手段，物质利益仍然为人们所追求，物质利益对于劳动者及其家庭生活所起到的保障作用是其他任何收入保障手段都无法替代的。劳动者在劳动过程中脑力与体力的消耗、劳动力的代际延续、抚养家庭子女等都要借助于薪酬的补偿职能来实现。劳动者只有得到有保障的、稳定的收入，才能安心工作，才能增加对企业的信任感和归属感。而且，薪酬对于员工的保障并不仅仅体现在它要满足员工吃、穿、用、住、行等方面的基本生存需要，还体现在它要满足员工在娱乐、教育、自我开发等方面的发展需要。在现代社会，员工只有持续地接受教育培训，才能适应产业结构变化和技术更新的挑战。总之，薪酬水平的高低对于员工及其家庭的生存状态和生活方式所产生的影响极大，既要保障现实的生活需要，又要保证后续劳动力素质的提升、养育子女、实现劳动力的增值再生产。因此，劳动者的薪酬收入是保证企业劳动力生产和再生产的基本因素，也是保障社会劳动力生产和再生产的必要条件。

2. 激励功能

所谓激励功能是指企业用来激励员工按照其意图行事而又能加以控制的职能。它的优点在于有利于发掘人才、提高员工潜能，缺点在于计算非常复杂、管理比较困难。薪酬是企业激励员工(包括中高层管理者)的重要方式，但管理实践告诉我们，一味的高薪并不能激励所有的员工。因此，要使薪酬的激励功能充分地发挥出来，就应该区分薪酬对于不同层次员工各异的激励作用。

①普通员工。对于企业中的普通员工来说，生存需要是第一位的，因此他们对于薪酬待遇的刺激比较敏感，薪酬的改善可以带给他们极大的激励。

②知识型员工。以高智商和强学习能力为特征的知识型员工，对激励手段的偏好已经开始由物质刺激转向精神激励。对于他们而言，自尊、信任和自我实现的需要是最主要的，除非外在薪酬的差距非常大，否则薪酬的激励作用是很有限的。换言之，针对知识型员工，用"薪"买"心"是很难成功的。

③核心员工。核心员工一般都希望自己的能力能够得到充分发挥，自己的工作能够得到企业的认可，从而追求事业上的成就感和满足感。尽管他们还是希望

能够得到与其业绩相符的外在薪酬，但是这种薪酬本身已不再是激励他们的最重要的因素，取而代之的应该是给予他们"一片天空"，使其充分实现自我价值。

④高层职业经理人。多数高层职业经理人往往将薪酬的重要性排在第三或者第四的位置。对于他们而言，薪酬只是一个数字——个人价值体现的数字，他们已经拥有了豪华住宅、高级轿车，所以他们更看重个人发展的空间以及更大的成就感等方面。

3. 自我价值实现功能

按照马斯洛的需求层次论，自我价值的实现是员工追求的最高目标。在当前社会，薪酬水平能在一定程度上反映个人价值的实现程度。高薪酬是员工优秀工作业绩的显示器。它不仅代表了企业对员工工作能力和水平的认可，也是对个人价值实现的回报，还是晋升和成功的信号。它反映了员工在组织中的相对地位和作用，能使员工产生满足感和成就感，进而激发出更大的工作热情。

(二) 企业方面

1. 控制企业成本功能

由于企业所支付的薪酬水平高低会直接影响到企业在劳动力市场上的竞争能力，因此企业保持一种相对较高的薪酬水平对于企业吸引和留住员工来说无疑是有利的。但是，较高的薪酬水平又会造成企业产生成本上的压力，从而对企业在产品市场上的竞争产生不利影响。因此，一方面，企业为了获得和留住企业经营过程中不可或缺的人力资源不得不付出一定的代价；另一方面，企业由于产品或服务市场上的竞争压力又不能不注意控制薪酬成本。面对这一矛盾，企业必须设计适当的薪酬水平，从而起到控制成本的作用。

2. 价值增值功能

①薪酬既是企业购买劳动力的成本，也是用来交换劳动者活劳动的手段，同时还是一种人力资本投资。它能给企业带来预期的大于人力成本的收益，这种收益的存在，成为企业雇用劳动力、投资劳动力的动力机制。

②薪酬对员工的工作行为、工作态度以及工作业绩有直接的影响。薪酬不仅决定了企业可以招募到的员工的数量和质量，也决定了企业中的人力资源存量，

同时，它是企业向员工传递的一种特别强烈的信号，通过这种信号，员工会了解什么样的行为、态度以及业绩会受到鼓励，是对企业有贡献的，从而引导员工的工作行为、工作态度以及最终的绩效朝着企业期望的方向发展，使企业的价值增值，也使员工自己的价值增值。

③资源配置功能。在企业内部，薪酬的配置功能主要表现在两个方面，即员工数量的配置和素质结构的调整。企业一方面可以通过调整内部薪酬水平来引导内部的人员流动，另一方面则可以利用薪酬的差异来吸引急需的人才或人力。另外，企业由于经营战略调整，产品结构、技术结构和产业结构的变化，对员工的素质（技能）结构的适应性也提出了越来越广泛的要求，因此，员工素质（技能）结构方面的供求失衡是经常出现的现象，在这种情况下，薪酬就能从供求两个方面来调节员工素质（技能）结构，使供求达到相对平衡的状态。

（三）社会方面

薪酬作为劳动力价格信号，是一种非常灵敏的社会信号，它调节着社会劳动力的供求和流向，可以促进社会劳动力的合理流动和配置。薪酬的这种社会信号功能又可以称为薪酬的调节功能。

在现代社会中，客观上存在着地区之间、部门之间、产业之间、企业之间、职业之间在工作环境、劳动轻重、劳动难易，以及收入多少上的差别，也存在着劳动力稀缺程度的差别。人们总是在物质利益的驱动下愿意到薪酬高、环境好的地方（地区、部门、企业）就业。根据劳动经济学理论，那些在社会中供小于求、对国民经济发展有重要作用的专业（工种等）薪酬水平会较高，可以引导劳动者学习这方面的知识和技能；而那些供大于求的专业（工种等）薪酬水平会较低，可以引导劳动者学习社会需要的知识和技能（包括转岗培训），从而使得社会劳动力素质结构合理化，甚至选择退出该领域，引导劳动力资源合理流动。具体而言，薪酬在社会方面的调节功能体现在三个方面：一是劳动力流向的合理调节；二是劳动力素质结构的合理调整；三是劳动力价值取向的有效调节。

第二节　绩效考核

一、绩效考核是一把双刃剑

如果企业的绩效考核没有很好地使用、不适用或从根本上就是制度本身设计不良，会发生什么情况呢？

许多人认为，绩效考核是任何一个企业都要做的，有总比没有好，即使是糟糕的绩效考核也是无害的。这并不正确，一种没有很好实施的考核系统或不适用的考核方法，或许比什么都没有还要糟糕得多，更不用说本身就设计不良的考核方法了。如果一个企业不能或不会合理地使用绩效考核，那么干脆就别试，因为它会导致很多后遗症。

绩效考核是必须的吗？为什么要进行绩效考核？这个问题重要吗？首先要说，绝对重要。许多部门经理和员工在回避绩效管理方面非常有技巧，尽管他们不断地受到人事部门的催促，他们还是能够让这个过程流产。因此，人力资源部门不得不花费大量的时间去督促经理们，以便完成他们的绩效管理工作。

绩效考核犹如一把双刃剑，做好了可激活整个企业，反之，就会产生诸多问题，进而导致许多意想不到的结果。

一个优秀的绩效考核系统不仅仅能够总结员工、团体或公司前一段时期的业绩，更能全方位地在上下级沟通以及向管理层提供信息方面予以促进。具体来说，它主要体现在以下四个方面。

(一) 促进上下级沟通

好的绩效考核不仅能考查并测评公司员工的实际工作表现，还可通过面谈或其他渠道，将考评结果反馈给员工，并听取其反应、说明和申诉。此时绩效考核便以促进管理层与员工的沟通，了解彼此对对方的期望。在对团队或公司的考核中它也存在着共性。

(二) 提高员工业绩

优秀的绩效考核主要通过两条途径来实现这一目标。首先是指引员工的行为趋向于组织的目标。优秀的绩效考核通过集中注意力于员工的目标来促进公司目标的实现。考核使员工知道了公司对他们的期望是什么，使其行为的修正更符合公司的要求。

与此同时，优秀的绩效考核给经理提供了一个系统地监督其下属工作绩效的方法。这样的监督能使经理通过承认和奖励员工良好的工作绩效以激励其员工绩效达标。当出现不尽如人意的问题时，经理可以通过帮助员工改善其绩效问题而促进员工的成熟。

(三) 提高工作满意度

未经深思熟虑的考核能够导致士气低落。员工通常认为，诸如加薪和升职的奖励应以功劳和过去的绩效为标准。当使用一些其他的依据时员工会很不满意，很可能会转到其他公司寻求发展，增加了公司职位的流动性，从而给公司业务带来负面影响。

从这个意义上说，优秀的绩效考核可以降低流动性，因为员工会更愿意在一个他们认为公平、进步和有朝气的气氛中工作，而有效的绩效考核有助于造就这种气氛。

(四) 更能为适当的人力资源开发与管理决策提供信息

绩效考核系统经常为制定人力资源开发与管理决策提供信息，事实也证明，以准确评估为基础的薪资决策能够通过提高员工的士气来提高公司业绩。

糟糕的绩效考核会浪费员工、经理和人力资源部门宝贵的时间，如果你要做绩效考核，就要把它做好，除非你的资源很富裕或处于闲置状态。糟糕的绩效考核还不仅仅是浪费时间和资源的问题，它影响的是企业管理层的可信度，影响的是企业的文化氛围，不公平的方法会使管理者和员工、职能部门和业务部门处于对抗地位，会严重挫伤各级员工的工作积极性和士气。好的方法解决问题，差的方法制造问题。

缺乏有效的绩效管理会给经理和员工都带来很多烦恼。经理们会觉得时间不够用于进行过细的管理；员工们对他们的工作缺乏了解，工作显得不够积极主动；员工们对谁应该做什么和谁应该对什么负责有异议；员工们给经理提供的重要信息太少；问题发现得太晚以致无法阻止它扩大；员工们重复犯相同的错误。员工也会觉得不了解他们自己是工作得好还是不好；不知道自己有什么样的权力；工作完成很好时没有得到认可；没有机会学习新技能；自己不能做任何简单的决策；缺乏完成工作所需要的资源等。

为什么如此多的人觉得绩效考核导致员工关系紧张，不愿意做绩效管理工作呢？

有许多原因导致经理和员工都不喜欢做绩效考核。许多做绩效管理的经理们关注的地方不对；他们关注语言的单向流动而不关注对话；把重点放在责备上，而不是放在解决问题上；把绩效管理当作让员工更好或更努力工作的棍棒，而不是赋予员工必要的知识以帮助员工取得较好的绩效。由此，他们害怕因为评价不统一而产生冲突，他们觉得要做到公正评价、反馈和观察员工绩效问题太费时间，他们没有意识到做绩效计划和持续的绩效诊断和沟通辅导的价值和意义。

以上情况表明了一个事实：人力资源经理只有用好了绩效考核这把双刃剑，才能真正达到改善员工绩效的目的。

二、绩效考核的内涵

(一) 绩效考核是什么

有效实施绩效考核的前提是对绩效考核有一个清楚、全面的认识。

简单来说，绩效考核是指用系统的方法、原理来评定、测量员工在职务上的工作行为和工作效果。

详细来说，绩效考核是完成战略性目标的一种结构化方法，是衡量组织成员是否完成目标的手段。这一过程包括了由战略目标驱动并与业务流程相联系的对企业、部门和个体的绩效考核。

如果你感兴趣，还可以看看以下一些专家学者对绩效考核的定义。

①对组织中成员的贡献进行排序。

②为客观制定员工的能力、工作状态和适应性，对员工的个性、资质、习惯和态度以及对组织的相对价值进行有组织地、实事求是地考评，它是考评的程序、规范、方法的总和。

③对员工现任职务状况的出色程度以及担任更高一级职务的潜力进行有组织地、定期地并且是尽可能客观地考评。

④人事管理系统的组成部分，由考核者对被考核者的日常职务行为进行观察、记录，并在事实的基础上，按照一定的目的进行的考评，以达到培养、开发和利用组织成员能力的目的。

⑤定期考评和考察个人或工作团队工作业绩的一种正式制度。

将上述内容归纳起来看，绩效考核包括三个层面的含义。

①绩效考核是从企业经营目标出发对员工工作进行考评，并使考评结果与其他人力资源管理职能相结合，推动企业经营目标的实现。

②绩效考核是人力资源管理系统的组成部分，它是运用一套系统和一贯的制度性规范、程序和方法进行的考评。

③绩效考核是对组织成员在日常工作中所表现的能力、态度和业绩，进行以事实为依据的评价。

(二) 绩效考核的特点

深入理解绩效考核，同样需要认识绩效考核的一些特点。

1. 绩效考核是人事管理系统不可缺少的正式制度

绩效考核是一种正式的员工评估制度，是人事管理系统的组成部分。它是通过系统的方法、原理来评定和测量员工在职务上的工作行为和工作成果。绩效评估是企业管理者与员工之间的一项管理沟通活动。绩效考核的结果可以直接影响到薪酬调整。

2. 绩效考核通常被认为是绩效管理的一部分

首先，绩效考核本身是一种绩效控制的手段，其核心的管理目标是通过了解和检验员工的绩效以及组织的绩效，并通过结果的反馈实现员工绩效的提升和企业管理的改善；其次，绩效考核也是对员工业绩的评定与认可，因此它具有激励功能，使员工体验到成就感、自豪感，从而增强其工作满意感；最后，考核的结果还可以用于确定员工的晋升、奖惩和各种利益的分配。绩效考核也是执行惩戒的依据之一，而惩戒也是提高工作效率，改善绩效不可少的措施。

3. 绩效考核过程包括了企业、部门和个体与业务流程相联系的战略目标的衡量

此乃所谓的绩效考核考什么的问题。绩效考核考的是企业管理者期望企业、部门和员工个体产生的行为表现及结果，而对企业、部门和员工个体产生的行为表现及结果的分解表达过程，就是绩效考核中最富有技术挑战性的课题——企业运营关键绩效指标体系的制定。

4. 绩效考核是衡量评价组织成员的程序、规范、方法的总和

绩效考核如何能客观地反映企业、部门和员工个体产生的行为表现及结果是否符合企业管理者的期望，在评价程序、规范和方法上同样是一个富有技术挑战性的课题——企业绩效评估方法体系的建立。

5. 绩效考核总是和一定的目的紧密联系的管理活动

绩效考核总是按照一定的目的进行评价，绩效考核的结果可以直接影响到薪酬调整、奖金发放及职位升降等诸多员工的切身利益。

在绩效考核中，员工的实际工作表现经过上级的考察与测评，可通过访谈或其他渠道，将结果向被评员工反馈，并听取其反映、说明和申诉。因此，绩效考核具有促进上、下级间的沟通，了解彼此对对方期望的作用。

三、绩效考核的内容及形式

（一）考核的内容

①高层管理者"做正确的事"，因此，主要针对基于战略目标实施的KPI指标考核，同时也要考核管理状况。

②中、基层管理者"把事做正确"，因此，主要对关键绩效指标（KPI）落实的工作目标完成情况进行考核。

③业务人员"正确地做事"，因此，不仅强调工作计划的完成、工作职责的履行，更要关注工作执行过程中的规范性、主动性、责任性等关键行为。

④操作类人员的考核相对比较简单，因为大多数是可以计量的，因此主要基于绩效原则的计量考核。

举例：以下为 A 公司对子公司、办事处和子公司各部门负责人的考核要求。

①子公司总经理——侧重全面绩效考核，这其中应包括：市场领先、利润增长、组织文化、客户资源管理。

②子公司部门经理——不同部门有不同的侧重点：人力资源部侧重人均效益、组织气氛、优质服务和快速响应等方面；财务部侧重成本降低、决策支持、优质服务等方面；销售部侧重销售额、回款、利润、市场占有率、顾客满意、成本控制等方面；市场部侧重市场拓展和市场开发、客户需求调查、客户关系管理等方面。

③销售部下面的办事处负责人——侧重考核以下四方面：第一是销售额与利润；第二是回款；第三是客户关系；第四是费用控制情况。

④办事处销售人员——侧重考核：销售计划完成率、回款目标完成、费用管理、客户满意。

（二）考核的形式

采用什么考核形式主要取决于考核对象的职位特点、考核内容和考核目的。

①高层管理者职位的要求不仅强调"会做事"，更要关注"思路清晰"。而述职考核形式恰好能够达到这样的目的。

②中层管理者也在承担上传下达的职能，如何将高层管理者承担的基于战略的 KPI 目标和关键措施落实，中层至关重要。因此，对于中层管理者，不少企业也采用述职考核的方式，通过述职，一方面让高层确信中层在沿着预定的目标前进，另一方面，也便于高层管理者及时掌握环境变化信息，及时调整思路，采取针对性的应对措施。

③业务人员的考核内容包括：工作计划的完成情况、工作职责的履行情况，以及工作执行过程中的规范性、主动性、责任性等关键行为。因此，考核形式更多采用的是考核表格的方式，上下级将考核内容列入考核表，最后依照预定的目标和要求进行评价。

④操作类人员的考核相对比较简单，因为大多数是可以计量的，考核内容是TQCS，即时间、质量、成本、服务。考核形式更多用的是过程记录表。

四、绩效考核是所有管理者的责任

人力资源经理在工作中可能会遇到这样一些问题：自己的工作得不到其他部门的支持，尤其是在绩效考核方面，其他部门认为人力资源部就是老板的"打手"，专门来控制他们的，因此在开展绩效考核时往往处于孤立无援的境地，有时候甚至遭到抵制。

"绩效考核，那是人力资源的事情，跟我们有什么关系……"这是企业非人力资源部门普遍存在的一种心态。其实这种想法是非常错误的，我们已经知道，绩效考核的目的是发现员工工作过程中存在的问题和不足，通过对这些问题和不足的改进来改善员工的工作业绩，那么对员工工作情况了解得最清楚的人是谁？是该员工所在部门的管理者。因此，绩效考核绝不单单就是人力资源部门的事情，恰恰相反，这项工作是企业所有管理者的责任，在某种程度上，绩效考核工作甚至代表了一个企业管理水平的高低。

当然，因为专业分工的不同，企业各个部门以及部门的管理者在绩效考核工作中承担的具体工作也有所区别。对于人力资源部门以及部门的管理者，在绩效考核工作中要承担以下几项主要职责。

(一) 设计绩效评估体系

如果没有一个有效的绩效评估系统，经理们在提供有意义的评分方面会有很大压力。例如，一位经理如果被要求用一种图解式评定量表来提供评分，他会感到很难给出准确的评分和有用的反馈，因为绩效标准在这些工具上被定义得过于模糊了。

(二) 为参与绩效评估的评估者提供培训

人力资源部门需要向参与绩效评估的评估者提供适当的培训。评估者需要明白为什么准确的评分和有效的反馈是重要的，以及这些结果是如何得到的。对评估者的培训通常集中在以下几个方面。

①如何进行评估面谈。
②如何提供绩效反馈。
③如何设定绩效标准。
④如何运用绩效评估工具。
⑤如何选择适当的绩效评估方法。
⑥如何确认良好的绩效。
⑦如何避免评估中的各项失误。

(三) 监督和评价绩效评估体系的实施

人力资源部门还要负责对整个绩效评估系统进行监督和评价,以保证它们能被恰当地实施。

1. 监督

监督包括采取步骤以保证每次评估都得以及时实施和指示得到落实。

2. 评价

大多数企业通过测量使用者对绩效评估系统的满意度来评价他们。如果评估者与被评估者不满意这个系统,那么就可能是评估系统有问题。使用者的满意度能从组织记录中收集到(例如:抱怨的数量或被记录下的与评估有关的纠纷与上诉),或是从态度调查中收集。在态度调查中,评估者和被评估者将被问及他们是否认为绩效评估系统已被正确地设计和使用。

对于非人力资源部门以及部门管理者,则要在绩效考核工作中承担以下主要职责。

①与员工进行沟通,制定考核的项目和标准。
②负责实施本部门的绩效考核工作。
③审核本部门员工的考核结果,并对考核的最终结果负责。
④具体向本部门的员工进行考核结果的反馈,与员工一起制定绩效改进的计划。
⑤向人力资源部门反馈本部门员工对考核制度和考核方案的看法、意见以及建议。
⑥根据考核结果,在职权范围内做出相应的人事决策。

五、绩效考核所能达到的境界

尽管绩效管理不能直接解决所有的问题，但它为处理好其中大部分管理问题提供了解决的手段。有效的绩效管理会给企业日常管理工作带来巨大的好处。如果绩效管理运用得当，对每个人，包括员工、上级主管和企业都有明显的帮助。只要管理者投入一定的时间，和员工形成良好的合作关系，绩效管理就可以达到以下效果。

①使上级主管不必介入到所有正在进行的各种事务中(过细管理)。

②通过赋予员工必要的知识来帮助他们进行合理的自我决策，从而节省管理者的时间。

③减少员工之间因职责不明而产生的误解。

④减少出现当上级主管需要信息时没有信息的局面。

⑤使员工可以知道上级希望他们做什么、自己可以做什么样的决策、必须把工作干到什么样的程度、何时上级必须介入等问题。

⑥使员工得到有关他们工作业绩情况和工作现状的反馈。

⑦让员工了解到自己的权力大小，即进行日常决策的能力，从而大大提高工作效率。

⑧通过上级与下级之间的业绩目标合同，实现有效的工作授权。

⑨通过帮助员工找到错误和低效率原因的手段来减少错误和差错(包括重复犯错误的问题)。

⑩有效的工作指导。

通过上下级之间对考核结果的沟通，可以找出工作的优点和差距，有效确定改进方向和改进措施。

通过每月对工作结果的记录，这些考核结果将成为奖罚和晋升的客观依据。

在高绩效的企业中员工都能达到以下要求。

①团队业务目标明确，员工同心协力。

②员工士气高昂，工作高度自觉。

③员工个个都是骨干，大多能独当一面。

④员工业务责任心强，能托以重任。

⑤员工高度自觉向上，能替上级和公司排忧解难。

这些方面，都是企业的业绩改善和目标实现应该追求的境界。

第三节 薪酬管理

一、薪酬管理的内涵

(一) 薪酬管理的含义

薪酬管理是指企业在经营战略及发展规划的指导下，综合考虑内外部各种因素的影响，确定自身的薪酬体系、薪酬水平、薪酬结构和薪酬形式，并进行薪酬调整、薪酬控制以及制定薪酬政策的整个过程。

薪酬管理是一种持续的组织过程，企业要持续不断地制订薪酬计划，就薪酬管理问题与员工进行沟通，同时对薪酬系统的有效性作出评价，而后不断予以完善。

薪酬管理在企业人力资源管理中占有非常重要的地位。首先，企业人力资源管理的前提是企业与员工之间的劳动合同关系，必须注意的是，劳动合同关系中最重要的条款就是劳动与报酬的交换关系；其次，企业人力资源管理可运用的杠杆是很有限的，薪酬管理是其中最重要的杠杆之一；再次，其他人力资源管理措施，大多数都需要与薪酬联系起来才能更有效。

(二) 薪酬管理的内容

根据薪酬管理的含义我们不难看出，薪酬管理包括以下七个方面的内容。

①薪酬体系：指确定企业的基本薪酬以什么为基础的体系。目前通行的薪酬体系有三种，即职位薪酬体系、技能薪酬体系以及能力薪酬体系，其中以职位薪酬体系的运用最为广泛。

②薪酬水平：指企业内部各类职位以及企业整体平均薪酬的高低程度。它反映了企业支付薪酬的外部竞争性。

影响薪酬水平的因素可分为外部因素、内部因素和个人因素。外部因素主要有社会经济环境、社会生活成本指数、地区和行业通行的薪酬水平、劳动力市场供求状况、劳动力潜在替代物、产品的需求弹性、工会的薪酬政策、风俗习惯、与薪酬相关的法律法规（最低工资标准）；内部因素主要有工作性能、企业负担能力、企业经营状况、企业远景（导入期或初创期、成长期、成熟期、衰退期）、企业薪酬政策、企业文化、企业的人才价值观；个人因素主要有职位差别、技能水平、工作数量和质量、工作表现（行为）、资历、工作年限（经验）等。

③薪酬结构：指同一企业内部的薪酬等级数量以及不同薪酬等级之间的薪酬差距大小。它反映了企业支付薪酬的内部一致性（内部公平性）。

④薪酬形式：指计量劳动和支付薪酬的方式，主要有计时工资、计件工资、奖励薪酬、间接薪酬（福利）等。薪酬的各个构成部分都有其特定的内容，也都有其特定的计量形式。例如，直接薪酬与员工提供的劳动量密切相关，劳动量可以按劳动时间计算，也可以按劳动产品数量计算，并直接以货币形式支付，称为计时工资、计件工资；间接薪酬则由企业员工普遍享有而不与其提供劳动量直接相关，并常常以非货币形式提供。

⑤薪酬调整：指企业根据内外部各种因素的变化，对薪酬水平、薪酬结构和薪酬形式进行相应的变动。如可根据国家最低工资标准的调整而调整薪酬水平；可依据员工的绩效变动，进行绩效加薪；可根据员工职位变动而调整其薪酬标准。

⑥薪酬控制：指企业对支付的薪酬总额进行测算和监控，以维持正常的薪酬成本开支，避免给企业带来过重的财务负担。

⑦薪酬政策：指企业管理者对企业薪酬管理运行的目标、任务和手段的选择和组合，是企业在员工薪酬上所采取的方针策略。基于特定的企业发展战略和人力资源战略，企业在薪酬管理政策上需要进行合理选择。例如，企业的薪酬水平策略；薪酬体系和薪酬结构是着重于稳定员工收入，还是激励员工绩效；薪酬关系是促进平等化，还是体现差异化；对特殊群体的薪酬如何进行专门设计。

二、薪酬管理的原则

薪酬管理对几乎任何一个企业来说都是一个比较棘手的问题，不同企业有不同的薪酬管理制度，同一个企业，在不同工作部门、不同生产环节，也有不同的薪酬管理办法。但是作为一个整体的经济组织，企业的薪酬管理必须体现统一原则和精神，而且薪酬管理系统一般还要同时达到公平性、有效性和合法性三大目标，这样才能使企业的薪酬管理成为一个有机的整体。因此，企业的薪酬管理遵循以下七项原则。

(一) 补偿性原则

补偿性原则要求补偿员工恢复工作精力所必要的衣、食、住、行费用和为获得工作能力以及身体发育所先行付出的费用。

(二) 公平性原则

公平性原则是指员工对于企业薪酬管理系统以及管理过程的公平性、公正性的看法或感知。这种公平性涉及员工对于本人薪酬与企业外部劳动力市场薪酬状况、与企业内部不同职位上的人以及类似职位上的人的薪酬水平之间的对比结果。

公平性原则是一个企业薪酬分配是否合理的重要标准。薪酬管理的公平性原则，主要包括外部公平性（竞争性）、内部公平性（一致性）和薪酬管理过程的公平性。

①外部公平性：指企业的薪酬水平与劳动力市场中的薪酬水平相当。重视外部公平，是企业薪酬管理的一个重要要求。在自由竞争的劳动力市场中，员工的薪酬水平是由劳动力市场的供求状况决定的，而市场正是通过薪酬的上下浮动，把人力资源合理地配置于各行业和各企业之中。在这种情况下，企业如不根据劳动力市场的薪酬水平进行薪酬管理，就很难吸引和留住自己所需要的人才。

②内部公平性：指同一企业中每人所得报酬与其他人所得报酬相比，应该公平合理。既包括同种职位、同等绩效下薪酬是相同的，也包括不同职位、不同绩效下的薪酬是不同的。在我国企业中，强调薪酬分配的内部公平，其实就是坚持

按劳分配原则,而这一原则的贯彻,主要是通过薪酬差异制度实现的。员工的薪酬差异要根据劳动的复杂程度、技能水平、责任大小、贡献多少而定,通过这种差异体现多劳多得的原则。

③薪酬管理过程的公平性:指人们对决定薪酬的过程是否公平的反应。薪酬分配程序包括岗位评估、员工绩效评估、薪酬制度实施、员工反馈等步骤,这每一个环节都应该是透明的、公平的。员工参与企业的决策可以使员工更好地了解企业赋予他们的任务、目标和期望。员工参与制定薪酬分配决策能够改善他们对薪酬分配决策程序公平性的看法,提高员工感觉中的薪酬分配公平性程度。相对公开、透明的薪酬制度能传递出一种积极信息,表明这个制度是公平的、这个组织对人是信任的,这样企业才能获得广大员工的信任与支持。

(三) 有效性原则

有效性原则是指薪酬管理系统在多大程度上能够帮助组织实现预定的经营目标。这种经营目标并不仅仅包括利润率、销售额、股票价格上涨等方面的财务指标,还包括客户服务水平、产品或服务质量、团队建设以及组织和员工的创新和学习能力等方面的一些定性指标的达成情况。

(四) 合法性原则

合法性原则是指企业的薪酬管理体系和管理过程是否符合国家的相关法律规定。从国际通行的情况来看,与薪酬管理有关的法律主要包括最低工资立法、同工同酬立法或反歧视立法等。在我国,企业在制定薪酬政策时必须要以不违背国家的法律法规为基本前提,理解并掌握劳动法规如《中华人民共和国劳动法》《中华人民共和国劳动合同法》《工资支付暂行规定》和有关最低工资标准、薪酬支付行为规范等方面的规定,这是对人力资源管理者特别是薪酬制定者的起码要求。

(五) 竞争性原则

竞争性原则包含两重意思。第一,薪酬水平必须高到可以吸引和留住员工。如果本企业的薪酬与其他企业同等情况相比不平等的话,不仅雇不到人,而且会导致本企业员工离职。第二,如果人工成本在企业的总成本中所占比例较大,就会直接影响这个企业的产品价格——企业会将成本转嫁到商品或服务上。人工成本必须保持在企业所能容许的提高生产产品和劳务效率的最大限度上。因此，实现富有特色、具有吸引力且成本可控的有效的薪酬管理才是真正把握了竞争性原则。

（六）激励性原则

有效的薪酬管理应能够刺激员工努力工作、多作贡献，有助于实现吸引、保留和激励员工的作用。薪酬管理系统的重点就在于创立这样一种系统，即将企业支出的费用变为高度激励员工取得良好绩效的诱因。企业薪酬激励的手段有货币奖励和实物奖励两种方式。另外，薪酬方案必须公开，能让员工了解自己从中得到的全部利益，了解其利益与其贡献、能力、表现的联系，以利于充分发挥物质利益的激励作用。

（七）成本控制原则

薪酬是产品成本的一个组成部分，薪酬标准设计过高，虽然具有了竞争性和激励性，但也不可避免地带来人工成本的上升。因此，在设计薪酬方案时，应进行薪酬成本核算，尽可能用一定的薪酬资金投入带来更大的产出效益。

从表面上看，成本控制原则、竞争性原则和激励性原则是相互对立和矛盾的，提高企业的薪酬水平，固然可以提高其竞争性与激励性，但同时不可避免地导致企业人力成本的上升。但实际上三者并不对立也不矛盾，而是统一的。当三个原则同时作用于企业的薪酬系统时，竞争性原则和激励性原则就受到成本控制原则的制约。这时企业管理者所考虑的因素就不仅仅是薪酬系统的吸引力和激励性了，还会考虑企业承受能力的大小、利润的合理积累等问题，从而找到其间最佳的平衡点。从这一角度来看，企业在确定员工薪酬的合适水平时，应该遵循最优化的原则。

三、薪酬管理的流程

一般情况下，企业的薪酬管理系统是否能够正常运行、发挥正常功能，在相当大的程度上取决于薪酬管理的流程是否科学、有效。在现代市场经济条件下，企业的薪酬管理是一个市场化和个性化的过程。薪酬管理立足于企业的经营战略和人力资源战略，以劳动力市场为依据，在考虑到员工所从事的工作本身的价值及其所要求的资格条件的基础上，再加上团队对于个人的绩效考核与评价，最后才形成企业的薪酬管理系统。这种薪酬管理系统必须达到外部竞争性、内部一致性、成本有效性以及合理认可员工的贡献、遵守相关法律规定等有效性标准。

第二章　绩效考核方法

第一节　目标管理法

目标管理法（Management By Objective，简称 MBO）观念特别重视和利用员工对组织的贡献。目标管理法也是一种潜在有效的评价员工绩效的方法。在传统的绩效评价方法中，常常使用员工的个人品质作为评价绩效的标准。另外，评价负责人的作用类似于法官的作用。运用目标管理法法，评价过程的关注点从员工的工作态度转移到了工作绩效上，考评负责人的作用也从公断人转换成了顾问和促进者。此外，员工的作用也从消极的旁观者转换成了积极的参与者。

员工同他们的部门经理一起建立目标，然后在如何达到目标方面，经理给予员工一定的自由度。参与目标建立使得员工成为该过程的一部分。目标的所有权增加了员工得到满足的可能性。在评价的后期，员工和部门经理需要举行一次评价会议。经理首先审查所实现目标的程度，然后审查解决遗留问题需要采取的措施。在目标管理法下，经理们在整个评价时期要保持联系渠道公开。在评价会议期间，解决问题的讨论仅仅是另一种形式的反馈面谈，其目的在于根据计划帮助员工进步。与此同时，就可以为下一个评价期建立新的目标，并且开始重复评价过程的循环。

一、目标管理法对目标的要求

目标管理法主要包括以下两个方面的重要内容：

①必须与每一位员工共同制定一套便于衡量的工作目标。

②定期与员工讨论他的目标完成情况。

不过，尽管经理可以通过与员工一起制定目标并定期提供反馈来使用目标管理法，但还必须考虑到，要运用这种工作绩效评价法，就必须在建立工作绩效评价体系的时候，同时也要照顾到整个组织的目标。

一旦确定以目标管理为基础进行绩效考核，那就必须为每个员工设立绩效目标。目标管理系统是否成功，主要取决于这些绩效目标陈述的贴切性和清晰性。设定绩效目标通常是员工及其上级、部门及其上级部门之间努力合作的结果。是否能够清晰合理地设置各级绩效目标，直接决定着绩效考核的有效性。为了确保各级绩效目标得以恰当设定，绩效目标的设定除了可以参考其他绩效考核方法中所使用的绩效指标设计的原则外，还必须特别注意以下几点。

(一) 目标要清楚、明确

在设置目标时，用双方都能理解的语言和术语来讨论在一定期限内要完成的主要任务。如果可能的话，让员工或流程负责人自己设置他们的目标，自己设置的目标对他们更富有价值。如果他们要求管理者为他们设置目标，管理者要创造出自由讨论的气氛，一起设置目标。定下工作目标以后，写成书面的备忘录，有助于他们自我检查。

一般组织目标的通病是叙述太笼统。所定目标虽应有一定的弹性，但是还要使目标具体化，例如，"销售额比上年增长5%"，"到2002年市场占有率应达到15%"等。高层的目标越具体，则组织基层制定目标的过程就越简单。

(二) 目标要可评估

所设置的目标，要简单且易于评估，最好能用量化指标。譬如，维修流程的修理数量和返修比率、产品开发与设计流程的开发周期和可行方案、信贷部门的利润总额和利润率等。

如"在下一个计划年度把市场占有率提高5%",这一目标是可衡量的,它使管理人员在年度中能衡量进展情况,并把实绩和预期目标相对照。

(三)目标要有相容性

一方面,个人目标要相容于流程目标,流程目标要相容于整个组织的目标;另一方面,流程之间、个人之间的目标要衔接。也就是说,一个流程目标的实现要有助于(至少不能妨碍)另一个流程实现目标。

(四)目标必须与在更高的组织层次上所设定的目标相一致

目标设定的进程从组织性层次开始,按等级制往下的连续水平上设定的目标,应当同更高组织层次上所设定的那些目标一致。个人的目标应当指出个人必须完成些什么,这样便能最好地帮助其工作单位实现目标。

(五)目标必须是具体的和富有挑战性的

具体的和富有挑战性的目标是创造高绩效的保证。一个富有挑战性的目标是只有当员工付出他们最大的努力才能实现的目标。

(六)目标必须是现实的和可实现的

尽管目标应该是富有挑战性的,但它们还必须是现实的和可以实现的。一个目标的实现应当在员工的控制之内,经理必须保证员工具有为完成目标所必需的资源和职权。如果一个目标随后被证明是不可达到的或是不贴切的,那么它就应该被抛弃。

二、SSMART 检测原则

目标管理的计划是在前一年年底或当年年初就把年度目标订出来了。建立有效的目标管理,需建立 SSMART 的检测原则。

SSMART 的原则如下:

S-Stretch,每项目标需要使自己在能力范围内再多做一点,若达到一般目标是 100 分,那么延展的满分就是 110~130 分。

S-Specific,每项目标的制订,一定是特定的、具体的,而不是一个笼统概略性的。

M-Measurable，每项目标必须要用量化的指标来评定。评量方法中，数字是最容易取得的，有些可以用数字来表达的，如多少营业额？多少百分比的市场占有率？多少利润？多少百分比的离职率？完成几次？有些是评定有无的评量方法，如有没有客户抱怨？有没有开发成功第一批产品？是否上市？接下来的评量方法，可借其他的途径取得，如客户服务满意调查报告、市场调查报告或员工工作满意调查报告等。

A-Achievable，所有的目标虽是比能力范围再多一点，但一定要是能达得到的。在此，主管必须帮助员工检视目标的可行性，因为，达不到的目标，制定跟没制定结果是一样的。制定可行性不高的目标，员工第二年就觉得没意思了，主管再推行，阻力反而会增加。

R-Relevant，每项目标必须与其直接报告主管的目标紧密相关。

T-Time-bound，每项目标设定好，除了要能量化评估外，还要在限定的时间内完成。

三、实施目标管理法的步骤

(一) 目标管理法主要实施步骤

1. 确定组织目标

制定整个组织下一年的工作计划，并确定相应的组织目标。

2. 确定部门目标

由各部门领导和他们的上级共同制定本部门的目标。

3. 讨论部门目标

部门领导就本部门目标与部门下属人员展开讨论（一般是在全体部门的会议上），并要求他们分别制定自己个人的工作计划。换言之，在这一步骤上需要明确的是本部门的每一位员工如何才能为部门目标的实现做出贡献。

4. 对预期成果的界定（确定个人目标）

在这里，部门领导与他们的下属人员共同确定短期的绩效目标。

5. 工作绩效评价

对工作结果进行审查，部门领导就每一位员工的实际工作成绩与他们事前商定的预期目标加以比较。

6. 提供反馈

部门领导定期召开绩效评价会议，与下属人员展开讨论，一起来对预期目标的达成和进度进行讨论。

(二) 操作过程中的问题

运用目标管理法的思路应该说非常简单明了，但在实际操作过程中，有可能会出现三个方面的问题。

1. 所确定的目标不够明确、不具有可衡量性

这是一个最主要的问题。例如，确定一种像"能够更好地从事培训工作"这样的目标是没有什么实际用处的。而像"使四名下属人员在本年度得到提升"这样的目标才是可以衡量的。

2. 目标管理法比较费时间

订立目标、对进展情况进行评价以及提供反馈意见都是十分耗时的，评价人员每年在每一位员工身上至少要花费数小时的时间，这比一次性地对每个人的工作绩效进行评价要费时得多。

3. 与下属员工共同确定目标的过程有时候会演变成为一场"舌战"

因为领导想将目标定得高一些，而下属人员却千方百计地要把目标定得低一些。因此，了解工作的要求以及下属的能力是十分重要的。因为要想使目标对员工的工作绩效真正有推动作用，就必须使其不仅是公平的，而且是员工能够达到的。领导对工作和下属人员的能力了解得越透彻，那么对制定出来的目标就会越有信心。

四、客观的评价

作为一种绩效评估工具，目标管理得到了广泛的应用。许多研究认为，目标管理具有较高的有效性，它通过指导和监控行为而提高工作绩效，也就是说，作

为一种有效的反馈工具,目标管理使员工知道领导期望于他们的是什么,从而把时间和精力投入到能最大程度实现重要的组织目标的行为中去。研究进一步指出,当目标具体而具有挑战性时,和员工得到目标完成情况的反馈以及当员工因完成目标而得到奖励时,他们表现得最好。

从公平的角度来看,目标管理法较为公平,因为绩效标准是按相对客观的条件来设定的,因而评分相对没有偏见。

目标管理法相当实用且费用不高。目标的开发不需要像开发行为锚定式评定量表或行为观察量表那么花力气。必要的信息通常由员工填写,然后由主管批准或者修订。

目标管理法的另一个优点是,因为它使员工在完成目标中有更多的切身利益,对其工作环境有更多被知觉到的控制,目标管理法也使员工及主管之间的沟通变得更好。

当然目标管理法也有一些缺点,并存在若干潜在的问题,这里我们讨论其中的四个主要方面。

①尽管目标管理法使员工的注意力集中在目标上,但它没有具体指出达到目标所要求的行为。这对一些员工尤其是需要更多指导的新员工来说,是一个问题,领导应给这些员工提供"行为步骤",具体指出他们需要做什么才能成功地达到目标。

②目标管理法也倾向聚焦于短期目标,即能在每年年底加以测量的目标。但是,员工们可能会试图达到短期目标而牺牲长期目标。例如,一个开发部的经理,由于要完成今年新产品开发的目标,可能会完全启用老员工而忽视新员工,这种行为会损害产品研发的未来前景(即长期目标的完成)。

③绩效标准因员工不同而不同,因此,目标管理法没有为相互比较提供共同的基础。例如,为一位"中等"的员工所设置的目标可能比那些"高等"员工所设置的目标挑战性较小,两者如何比较呢?因为有这个问题,所以目标管理法作为一种决策工具的有用性就受到了限制。

④目标管理法经常不能被使用者接纳。经理不喜欢目标管理法所要求的大量

书面工作，另外，他们也许会担心员工参加目标设定而夺取了他们的职权，这样想的经理，就不会恰当地遵循目标管理程序。而且，员工也经常不喜欢目标带来的绩效压力和由此产生的紧张感。

第二节 平衡计分卡

企业经营不单单是为了利润，辛辛苦苦工作一年，除企业资产、收入、利润、收益率数字有了一些变化外，似乎还创造了更多的价值。这些价值也是企业发展所必需的。然而，在现行管理体系中，或者在多数人的习惯观念中，评价企业绩效的仍然是那些财务数据。

传统的单一财务评价体系偏重于有形资产的评估和管理，对无形资产和智力资产的评估与管理显得无力，这导致传统的单一财务评价体系已难以适应信息时代下快速变化的、不确定性和风险性日益增加的竞争环境。信息时代提高了无形资产管理对企业未来价值创造的地位与作用，因而对企业经营业绩的反映，不应仅仅体现在有形资产的管理及其管理的财务结果方面，还应包括企业无形资产的管理等多方面的内容。所以，在原有利用单一财务评价体系的同时，越来越多的呼声要求重视和利用非财务指标进行经营绩效评价。

你是不是希望有这样一个绩效评估体系？它能够全面反映企业各个部门，包括营销部门的工作对企业绩效的整体影响；精确反映营销活动的绩效；反映各个部门之间的相互影响；使企业主对企业的运营状况一目了然等。

正是因为这样一些原因，西方很多学者以及实务界兴起的对平衡财务与非财务指标的综合绩效评估方法的研究，其中较有代表性的是由卡普兰和诺顿共同开发的名为"平衡计分卡"的绩效评估方法。他们通过对绩效方面处于领先地位的12家公司进行了为期一年的研究之后，推出了一套综合平衡指标和非财务指标的评价体系——BSC（Balanced Score Card），我们将之译为"平衡计分卡"。该方法从四个角度关注企业绩效：客户角度、内部业务运作角度、创新和学习角度与财务角度。这种新的绩效测评体系使高级经理们可以快速而全面地考察企业。财评指标,能揭示已采取的行动所产生的结果;用顾客满意、内部流程、学习与发展绩效测评指标来补充财务测评指标,而这三方面的活动又推动着未来的财务绩效。企业可以通过平衡计分卡的方法把公司的战略和使命转化成具体的目标和测评指标,建立一套更为全面的绩效评估体系。

一、平衡计分卡的四个重要指标

为了操纵和驾驶飞机,飞行员需要掌握关于飞行的诸多方面的详细信息,诸如燃料、飞行速度、高度、方向、目的地、外部气候,以及其他能说明当前和未来环境的指标。只依赖一种仪器可能是致命的。同样的道理,今天管理一个组织的复杂性,要求经理们能同时从几个方面来全面考察企业绩效。

平衡计分测评法能够满足经理的这种需要,因为它从四个重要方面来反映企业,为四个基本问题提供了答案:

①客户如何看待我们?(客户角度)

②我们必须擅长什么?(内部业务运作角度)

③我们能否继续提高并创造价值?(创新和学习角度)

④我们怎样满足股东?(财务角度)

(一)客户角度:客户如何看待我们

平衡计分卡要求指标应能反映真正与客户有关的各种因素。客户所关心的事情不外乎有四类:时间、质量、性能和服务、成本。

1. 时间

间隔期可以衡量企业满足顾客需要所需的时间。对现成品来说,间隔期是指从企业收到订单时开始,到企业实际向顾客支付产品或服务时为止。对新产品来说,间隔期代表了产品上市时间,即一种新产品从产品定义到开始装运所需时间。

2. 质量

质量可以衡量按时交货的水平,即企业对交货期预测的准确程度。

3. 性能和服务

性能和服务可以衡量企业的产品或服务在为客户提供价值方面能起什么作用。

4. 成本

客户在与供应商打交道时，把价格只看作他们担负的成本中的一部分，其他是由供应商担负的成本。

为了使平衡计分卡真正发挥作用，企业应明确时间、质量、性能和服务、成本应达到的目标，然后将这些目标转换成具体的测评指标。

（二）内部业务运作角度：我们必须擅长什么

以客户为基础的考核指标固然重要，但它们必须成为企业内部的运作目标才能实现客户预期的考核指标。毕竟，优异的客户绩效来自组织中所发生的程序、决策和行为。内部业务运作指的就是企业能满足客户需要的关键内部经营活动。

平衡计分卡的内部测量指标，应来自对客户有最大影响的业务程序，包括周期、质量、员工技能和生产率的各种因素。企业还应努力确定和测量自己的核心能力，即为保持持久的市场领先地位所需的关键技术。

（三）创新与学习角度：我们能否继续提高并创造价值

平衡计分卡中，以客户为基础的考核指标和内部业务程序考核指标确定了企业认为客户是竞争取胜的最重要的参数。不过，成功的指标是不断改进现有的产品和程序，以便有巨大的潜力引入新产品。

企业创新、提高和学习的能力，是与企业的绩效直接相关联的。也就是说，只有通过持续不断地开发新品、为客户提供更多价值并提高经营效率，企业才能打入新市场，增加收入和毛利，才能发展壮大，从而增加股东价值。

（四）财务角度：我们怎样满足股东

我们怎样满足企业的股东呢？作为市场主体，企业必须以赢利作为生存和发展的基础。企业各个方面的改善只是实现目标的手段，而不是目标本身。企业所有的改善都应该最终归于财务目标的达成。平衡计分法将财务方面作为所有目标评价的焦点。如果说每项评价方法是综合绩效评价制度这条纽带的一部分，那么因果链上的结果还是应归于"提高财务绩效"。

平衡计分卡把战略置于中心地位。它根据公司的总体战略目标，将之分解为不同的目标，并为之设立具体的绩效评估指标，还通过将员工报酬与测评指标联系起来的办法促使员工采取一切必要的行动去达到这些目标。这就使得公司把长期战略目标和短期行动有机地联系起来，同时它还有助于使公司各个单位的战略与整个管理体系相吻合。因此可以这样说，平衡计分卡不仅仅是一种测评体系，它还是一种有利于企业取得突破性竞争业绩的战略管理工具，并且它还可以进一步作为公司新的战略管理体系的基石。

虽然平衡计分卡从客户、内部运作、创新与学习、财务这四个相对独立的角度系统地对企业的经营绩效进行了评估，但从这四个角度出发设计的各项评估指标彼此间并不是毫无关系的，而是在逻辑上紧密相承的。在平衡计分卡的设计思想中，企业从学习与发展的角度出发，提高员工从业能力，促使企业在学习中不断成长，通过优化企业运作的内部流程，关注客户需求并不断满足客户需求，开拓并巩固企业的市场，最终完成既定的财务目标。相对应的，平衡计分卡的各项评估指标也遵循这一基本的思路。企业通过对员工的培训，为客户提供优质的售后服务，使得客户满意度提高，并最终实现销售收入的增长，可见这四项绩效评估指标在内在逻辑上也是紧密相承的。

二、平衡计分卡受到普遍重视的原因

平衡计分卡作为一个系统化的公司经营战略实施工具，面世以来一直受到普遍的重视，这从目前美国一些商学院已经将平衡计分卡作为一门单独的课程中就可见一斑。从理论上讲，平衡计分卡顺应了近年来公司经营目标从单纯对股东负责到对利益相关人负责的管理思想的转变。从技术上讲，平衡计分卡为公司经营战略的实施计划的设计和事后结果的评估提供了一套系统化的思路，是对公司高层关注的战略管理问题与基层关注的运营控制问题的一个对接和整合。

同许多传统的公司绩效管理方式相比，平衡计分卡确实具有一些突出的优点。平衡计分卡突破了传统的以财务为核心的计量评价体系，把组织的战略目标与实现的过程联系起来，把企业当前的业绩与未来的获利能力联系起来，通过评价体系使企业的组织行为与企业的战略目标保持一致。具体作用有以下几点。

①由于把员工的日常工作与企业的战略目标建立成一个自然的联系，企业的战略目标的实现就有了保障。

②由于企业的员工知道自己日常所做的工作，是在为实现企业的战略目标做贡献，员工会比较有成就感、方向感；提高了员工的工作热情。

③分解指标的过程，是一个高效的双向沟通的过程，提高了企业的凝聚力，加强了员工对企业的认同度，从而降低了人才流失。

④企业最高领导者，通过平衡计分卡的体系，方便地掌握了自己企业内部各个部门清晰、全面的运作状况。

⑤企业的绩效考评指标制定中会发现各个部门、岗位的设置是否合理、工作量是否饱满。

⑥平衡计分卡帮助企业管理层梳理企业流程，发现企业中存在的各种问题，改善企业的管理水平。

⑦平衡绩效测评法，衡量绩效的范围更全面、更实际、更客观。

⑧传统财务绩效测评反应的是已有的成果的总结，是过去式，向后看；平衡计分法表明工作方向和目前达到的水平，是未来式，向前看。

⑨平衡计分法是企业战略目标的分解，是帮助企业建立战略能力、实现战略目标的绩效推进指南，是与企业的使命、战略目标联系在一起的。

⑩平衡绩效测评法，指出了绩效管理路线，从而蕴含了工作进步和工作管理的方向，为企业管理体系的构建和改革提供了思路。

⑪平衡计分法把战略（而不是控制）置于中心地位。

⑫关键是平衡计分卡不仅完全改变了企业绩效评价思想，而且还推动企业自觉去建立实现战略目标的管理体系。在产品、流程、顾客和市场开发等关键领域使企业获得突破性进展。

三、如何建立平衡计分卡

下面是一个典型的构建平衡计分卡的步骤。

(一) 准备

企业应首先明确界定适于建立平衡计分卡的业务单位。一般来说,有自己的顾客、销售渠道、生产设施和财务绩效评估指标的业务单位,适于建立平衡计分卡。

(二) 首轮访谈

业务单位的多名高级经理(通常是6~12位)收到关于平衡计分卡的背景材料,以及描述公司的愿景、使命和战略的内部文件。平衡计分卡的推进者(外部的顾问或者是公司中组织这一行动的经理)对每位高级经理进行访谈,以掌握他们对公司战略目标情况的了解。

(三) 首轮经理讨论会

高级经理团队与推进者一起设计平衡计分卡。在这一过程中,小组讨论中提出对公司使命和战略的各种意见,最终应达成一致。在确定了关键的成功因素后,由小组制定初步的平衡计分卡,其中应包括对战略目标的绩效评估指标。

(四) 第二轮访谈

推进者对经理讨论会得出的结果进行考察、巩固和证明,并就这一暂定的平衡计分卡与每位高级经理举行会谈。

(五) 第二轮经理讨论会

高层管理人员和其直接下属,以及为数众多的中层经理集中到一起,对企业的愿景、战略陈述和暂定的平衡计分卡进行讨论,并开始构思实施计划。

(六) 第三轮经理讨论会

高级经理人员聚会,就前两次讨论会所制定的愿景、目标和评估方法达成最终的一致意见,为平衡计分卡中的每一指标确定弹性目标,并确认实现这些目标的初步行动方案。

（七）实施

由一个新组建的团队为平衡计分卡设计出实施计划，包括在评估指标与数据库和信息系统之间建立联系、在整个组织内宣传平衡计分卡，以及为分散经营的各单位开发出二级指标。

（八）定期考察

企业每季或每月应准备一份关于平衡计分卡评估指标的信息蓝皮书，以供最高管理层进行考察，并与分散经营的各分部和部门进行讨论。在每年的战略规划、目标设定和资源分配程序中，都应包括重新检查平衡计分卡指标。

四、平衡计分卡需要注意的问题

（一）切勿照抄照搬其他企业的模式和经验

不同的企业面临着不同的竞争环境，需要不同的战略，进而需要设定不同的目标。每个企业在运用平衡计分卡时，都要结合自己的实际情况建立平衡计分卡指标体系。因而各自平衡计分卡四个层面的目标及其衡量指标皆不同，即使相同的目标也可能采取不同的指标来衡量，另外不同企业的指标之间的相关性也不同，相同的指标也会因产业不同而导致作用不同。每个企业都应下发具有自身特色的平衡计分卡，如果盲目地模仿或抄袭其他企业的模式，不但无法充分发挥平衡计分卡的长处，反而会影响对企业绩效的正确考核。

（二）高层管理者的充分参与和上下沟通

基本上，平衡计分卡的操作方式是由上至下，即由高层管理人员主导战略的制定，然后再将战略转换成一套环环相扣的绩效衡量指标体系，以便确保全体职员可以努力达成企业的目标。同时，实践也证明必须要由高层管理人员主导整个平衡计分卡的引入，才能保证平衡计分卡的操作不至于半途而废。

然而在实际操作中，这种引入方向却往往是高层管理者对所制定的经营战略只有其自己最清楚、最热衷，而下属职员不是很了解，从而没有将战略成功地转化成确保能够达成的各种行动方案，甚至没有发展成衡量职员执行各种行动方案的绩效指标，导致平衡记分卡无法发挥应有的作用。

（三）防止其使用目的的单一化

平衡计分卡作为一种绩效测评方法可以起到激励和评价绩效的作用，但实质却绝不仅仅是一种绩效测评方法，它更是一个战略管理工具。它的首要价值在于能够保证绩效评估体系支撑战备目标的达成，它为企业的发展提供明确的目标导向并合理配置资源。为确保平衡计分卡的功能发挥，应避免仅仅将平衡计分卡当作单纯的评估手段来使用。

（四）提高企业管理信息质量

与欧美企业相比，我国企业信息的精细度和质量要求相对偏低，这会在很大程度上影响到平衡计分卡应用的效果。因为信息的精细度与质量的要求度不够，会影响企业实施平衡计分的效果。

（五）正确对待平衡计分卡实施时投入成本与获得效益之间的关系

平衡计分卡的四个层面彼此是连接的，要提高财务绩效，首先要改善其他三个方面，要改善就要有投入，所以实施平衡计分卡首先出现的是成本而非效益。更为严重的是，效益的产生往往滞后很长时间，这使投入与产出、成本与效益之间有一个时间差，这可能是6个月，也可能是12个月，或更长的时间。因而往往会出现客户满意度提高了，员工满意度提高了，效率也提高了，可财务指标却下降的情况。关键的问题是在实施平衡计分卡的时候一定要清楚，非财务指标的改善所投入的大量投资，在可以预见的时间内，可以从财务指标中收回，不要因为实施了6个月没有效果就没有信心了，应该将眼光放得更远些。

（六）平衡计分卡的执行要与奖励制度结合

为充分发挥平衡计分卡的效果，需在重点业务部门及个人等层次上实施平衡计分，使各个层次的注意力集中在各自的工作绩效上。这就需要将平衡计分的实施结果与奖励制度挂钩，注意对员工的奖励与惩罚。

（七）充分重视平衡计分卡工作的连续性与持久性

采用平衡计分卡进行绩效管理，改变了以往为了考核而考核的方式。多数公司认为，应该经常性地自上至下对战略进行广泛的沟通，以便使职员都能参与到该战略之中，了解为使战略成功他们必须完成的关键目标。

(八）需要专人不断关注与跟进绩效指标的变化

采用平衡计分卡进行绩效管理将是长期、持续不断改进的工程。平衡计分卡客观上将公司发展战略作为整体指标中的核心，在实践运用中，一方面可以根据战略不断修正各部门、个人的绩效目标；另一方面也可以根据客观发展及时修正战略。这些工作需要有专门部门对其负责，才能够在第一时间内不断改进长期战略有偏差的地方，保证公司的稳健发展。

第三节　关键绩效指标法

一、绩效管理中的难题

在许多企业中，进行绩效管理遇到的一个很实际的问题就是很难确定客观的量化的绩效指标。人们普遍感到，对于生产型或销售型的工作，比较容易设定量化的评估指标，可以较为客观地进行评估，而对于某些职位来说，进行绩效评估则比较困难。

为什么对于有些职位来说进行绩效评估特别困难呢？

（一）绩效评估的结果并不总是很清晰

对许多团队或个人来说，绩效的结果是什么并不十分清楚，人们并不知道工作的产出是什么，也无从知道工作是否完成得好。这种情况多数集中在通过智力为企业做出贡献的员工身上，他们做出的很多贡献并不是有形的产品，因此不像有形的产品那样容易评估。

（二）绩效有时无法度量

在有些情况下，即使知道对工作绩效应该从什么方面进行衡量，也不知道该如何去衡量。由于不是所有的事情都能轻易地通过数字来衡量，因此当面临"创造性"或"用户界面友好"等评估因素时，评估者往往会感到无所适从而灰心丧气。

(三) 还需要评估团队的绩效

团队都是由许多个体构成的，因此对绩效的评估既要针对团队，又要针对个体，这样就使评估的工作量成倍地增长，而且在没有明确方向的前提下，建立支持团队绩效指标和与其不发生冲突的个人绩效指标也是一件非常困难的事情。

二、设定绩效指标的目的

人们为什么要设定绩效指标对绩效进行管理？

(一) 使绩效评估客观、公正、有效

关键绩效指标为企业的绩效评估提供了更为客观、公正的基础性数据，极大限度地避免了各级主管因各种人为因素而造成的评估偏差，使绩效评估客观、公正，保证了员工对立足于关键绩效指标而建立的绩效评估系统的认同，从而使绩效评估更有效率，真正实现企业内全面业绩的提高和改进。

(二) 提高员工的工作效率

有了关键绩效这个评估标准，员工们一方面对企业的战略目标、远景规划有了实实在在的认识和了解，同时，根据或对照关键绩效，员工们更清楚自己该做什么，哪些行为是最重要的行为，是对企业发展有利的行为，工作的目标是什么，该怎么做来达到目标等，从而有利于提高员工的工作效率，使得整个企业像上足发条的机器一样有序、平稳、高效地向着目标运作。

(三) 增进员工与管理人员的沟通

在很多企业中都存在这样的情况：员工与主管之间由于工作职责、工作权限、工作内容等的不同，双方在目标和行为等方面难免会出现偏差。在绩效评估中也会因标准模糊或不明确而引起歧义，从而使部门乃至企业内部摩擦不断，严重阻碍了部门工作的充分开展，削弱了企业发展、运作的有效性。而关键绩效评估的出现，为员工与管理人员明确了一致的目标，为其间的信息沟通构建了一个平台。通过在关键绩效指标上达成的承诺与共识，员工与管理人员就可以就工作目标、工作期望、工作表现和未来发展等问题进行沟通。关键绩效评估是绩效评估沟通的基石，是企业中上下级关键绩效沟通的共同辞典。有了这样一本辞典，

员工与管理者在沟通时就有了共同的语言。

(四) 增强企业的核心竞争力

关键绩效在企业中有三个层次，遵循这三个层次发展，可以确保企业内每个岗位都按照企业要求的方向努力，使众多分散的个人力量通过这种方向牵引和层级的向上传递，最终在企业内部形成一股强大的企业合力。从而使企业的核心竞争力明显提高。

三、什么是关键绩效指标体系

关键绩效指标（KPI）是基于企业经营管理绩效的系统考核评估体系。作为一种绩效评估体系设计的基础，我们可以从以下三个方面深入理解关键绩效指标的具体含义。

①关键绩效指标是用于考核和管理被评估者绩效的可量化的或可行为化的标准体系。也就是说，关键绩效指标是一个标准化的体系，它必须是可量化的，如果难以去量化，那么也必须是可以行为化的。如果可量化和可行为化这两个特征都无法满足，那么就不是符合要求的关键绩效指标。

②关键绩效指标体现为对组织战略目标有增值作用的绩效指标。这就是说，关键绩效指标是连接个体绩效与组织战略目标的一个桥梁。既然关键绩效指标是针对组织战略目标起到增值作用的工作产出而设定的指标，那么基于关键绩效指标对绩效进行管理，就可以保证真正对组织有贡献的行为受到鼓励。

③通过在关键绩效指标上达成的承诺，员工与管理人员就可以进行工作期望、工作表现和未来发展等方面的沟通。

四、关键绩效指标的构成

(一) 企业关键绩效指标

它是由企业的憧憬、价值观、使命和战略目标决定的，不同的企业有不同的关键绩效指标。例如：

A 公司的一个关键绩效指标是利润第一。

B 公司的一个关键绩效指标是客户满意度优先。

C 公司的一个关键绩效指标是市场占有率第一。

D 公司的一个关键绩效指标是员工满意度优先。

(二) 部门关键绩效指标

它是根据企业关键绩效指标和部门职责来确定的，如表 2-1 所示。

表 2-1 部门关键绩效指标

部门	关键绩效指标
研发部	①与市场战略一致；②核心技术领导地位；③所选市场产品多元化
市场部	①市场份额；②销售网络的有效性；③企业品牌知名度
财务部	①短期资产运行；②长期资产运行；③利润
人力资源部	①员工知识/能力/素质；②员工满意度；③人力资源系统/程度；④合格员工的数量
客户服务部	①反应质量；②及时性；③客户满意度；④危机处理
生产制造部	①产品质量；②产品数量；③生产成本；④存货控制
IT部	①集成性；②信息提取及时性；③内部客户满意度；④信息录入及时性

(三) 岗位关键绩效

它是由部门关键绩效指标落实到具体岗位的业绩衡量指标。因此，关键绩效不光因企业不同而不同，也因部门与岗位的不同而各异。主要根据工作分析来确定。

例如，新产品设计工程师的关键绩效指标与关键绩效标准。

上级评估：创新性，至少有三种以上产品与竞争对手不同，体现公司形象，使用高质量的材料，恰当的颜色和样式，代表和提升公司形象。

客户评估：性价比，产品的价值超过它的价格，顾客相对竞争对手产品对本产品的偏好程度，产品使用的时间足够长。

五、关键绩效指标的设计思路和程序

(一) 关键绩效指标的设计思路

虽然很多企业都说自己有考核，但如果不能很好地解决绩效指标设计的问题，考核对企业绩效的提升的支持作用应该是非常有限的。

1. 绩效指标设计不合理所导致的两个严重问题

①不能有效支持企业的目标和绩效,甚至会把企业带到错误的方向。

②不能够执行绩效指标系统的几个标准。

2. 绩效指标的特点

①准确反映企业的目标。

②大多数指标是能够量化的。

③能够激励人们良好业绩的指标标杆。

④并非是越多越好。

四条标准归纳起来,就是一个观点:量化正确的事情,并且是我们有限的精力能够做好的事情。

3. 设计思路

①明确企业的战略目标,并在企业会议上利用头脑风暴法和鱼骨分析法找出企业的业务重点,也就是企业的价值考核的重点。然后,再用头脑风暴法找出这些关键业务领域的关键业绩指标(KPI),即企业级 KPI。

②各部门的主管需要依据企业级 KPI 建立部门级 KPI,并对相应部门的 KPI 进行分解,确定相关的要素目标,分析绩效驱动因素(技术、组织、人),确定实现目标的工作流程,分解出各部门级的 KPI,以便确定考核指标体系。

③各部门的主管和部门的 KPI 人员一起再将 KPI 进一步细分,分解为更细的 KPI 及各职位的业绩衡量指标,这些业绩衡量指标就是员工考核的要素和依据。这样,管理者给下属订立工作目标的依据来自部门的 KPI,部门的 KPI 来自上级部门的 KPI,上级部门的 KPI 来自企业级 KPI。这一 KPI 体系的建立和测评过程本身,就是统一全体员工朝着企业战略目标努力的过程,也必将对各部门管理者的绩效管理工作起到很大的促进作用。

④指标体系确立之后,还需要设定考核标准。一般来说,指标指的是从哪些方面衡量或考核工作,解决"考核什么"的问题;而标准指的是在各个指标分别应该达到什么样的水平,解决"被考核者怎样做,做多少"的问题。

⑤必须对关键绩效指标进行审核。比如,审核这样一些问题:多个考核者对

同一个绩效指标进行考核,结果是否能取得一致?这些指标的总和是否可以解释被考核者80%以上的工作目标?跟踪和监控这些关键绩效指标是否可以操作等。审核主要是为了确保这些关键绩效指标能够全面、客观地反映被考核对象的绩效,而且易于操作。

(二) 关键绩效指标的设计程序

第一步:明确企业的目标。

因为关键业绩指标是与企业目标的实现关系紧密的那些工作内容,所以在确定员工的关键业绩指标时,首先要明确企业在当前一个阶段内的经营目标是什么,只有明确了企业的目标,然后才能逐步分解落实个人的关键工作内容。企业的目标不同,个人的关键业绩指标也相应地会不同。

例如,有两家公司,甲公司是刚刚成立的,它近期的目标就是要扩大市场的占有率,提高产品知名度,对于其他方面暂时可以不予考虑。而乙公司成立的时间则比较长,它的目标和甲公司不同,是要提高销售的质量,维持良好的客户关系。因为两个公司的目标不同,所以它们的销售部经理的关键业绩也是不同的,甲公司销售部经理的关键业绩指标应该是:市场占有率、销售额、产品知名度;而乙公司销售部经理的关键业绩指标则应该是:销售额、销售费用、货款回收率、客户满意度。

第二步:确定个人的关键工作内容。

在明确了企业的目标之后,就要把这一目标进行分析,逐步落实到员工个人,从而确定出个人的关键工作内容。

在分解确定个人的工作内容时,应当遵循客户导向的原则。这里所指的客户,不仅指企业的外部客户,还包括所谓的内部客户。例如,财务部的出纳要按照采购部的要求划拨采购资金,那么采购部就是该出纳的内部客户。再比如,总经理的秘书要为总经理提供秘书服务,那么总经理就成为该秘书的内部客户。

一般来说,我们是借助客户关系图来表示员工对企业内、外部客户所承担的工作内容。通过客户关系图,我们可以看出一个员工为哪些客户提供了服务和产出以及对每个客户提供的服务和产出是什么。

例如，销售部的综合主管面对的客户主要有四类：一是部门经理，二是部门的销售员，三是公司行政的相关人员，四是到公司来参观的外部客户。

销售部综合主管向部门经理提供的服务主要有：起草经理的相关制度；录入、打印文件；收发文件、传真。向销售员提供的服务主要有：销售员的差旅安排；销售费用的汇总报销；会议的后勤服务。向行政部提供的产出主要有：部门所需办公用品的清单；办公和销售费用报销的票据。向外部客户提供的主要是接待服务。

通过这样的逐步分解，就可以确定销售部综合主管的主要工作内容。

第三步：建立考核指标。

在确定了主要的工作内容后，接下来就要确定应该从什么角度去评价这些工作内容，也就是要确定的指标。

第四步：制定关键绩效的具体标准。

在确定了关键绩效指标后，需要制定相应的标准。另外，在确定关键绩效的具体标准时，最好采取全员参与的方式，让每一位员工都投入到标准的制定工作中。这样，一来使员工对关键绩效标准会有更好的理解，二来可以提高员工的工作积极性。

采取全员参与的方式，将关键绩效的标准为每一位员工所认识、熟知和理解，从而更好地达到评估的目的。因此，让员工事先清楚地了解关键绩效的标准十分重要。

第五步：定期进行关键绩效评估。

制定了关键绩效指标和标准后，定期的评估当然是最重要的。在评估过程中，要注意识别被评估者的工作业绩这一点，通过有关记录的数据和事实等正确有效地识别员工的工作产出，然后对照关键绩效标准进行评估。另外评估的时间和频数也是需要严格把握的。一般来说，每年评估1~2次为宜。

第六步：及时反馈关键绩效评估的结果。

最后，及时反馈评估的结果是评估工作得以起作用的关键。因为绩效评估不光在于评估员工的工作业绩，借此为加薪、升职提供依据，从而达到激励员工的目的,更重要的是,绩效评估在于改进业绩,如果没有及时的反馈,那么关键绩效评估也就流于形式了。

许多企业的运作效果不好,究其原因,往往是没有进行有效的绩效评估,尤其是没有进行关键绩效评估。关键绩效评估的最大优点是企业花较少的代价获得较大的收获。

第四节　其他绩效考核方法

一、以业绩报告为基础的绩效考核

非系统的绩效考核方法有很多,但不外乎直接描述式和间接描述式两大类。直接描述式比较适合评价成型工作,即可见性强、事件性强的工作。间接描述式比较适合于评价非成型工作,即可见性和事件性都不强的工作。前者的优点是客观性强、精确度高,缺点是无法反映出潜在的工作负荷,而后者正好相反。在实际应用中,以上两种方式常常结合应用,下面将分别介绍两种常用的绩效考核方法。

(一)报告法(自评)

报告法是利用书面的形式对自己的工作进行总结及评价的一种方法。这种方法多适用于管理人员的自我评估,并且测评的人数不宜太多。自我评估是自己对自己一段工作结果的总结,并让被考核者主动地对自己的表现加以反省、评估,为自己的绩效做出评价。

报告法通常让被评估人填写一份员工自我鉴定表,对照岗位要求,回顾一定时期内的工作状况,列出将来的打算,并列举出在这段时间内 1~3 件有重大贡献的事例及 1~3 件失败的事例,给出相应的原因,对不足之处提出改进的建议。一般在每年年终进行,要求被评估人集中在一起,他们预先不清楚集中的目的,且要求没有助手参加,自己独立完成总结。

(二) 业绩评定表法

业绩评定表法是一种被广泛采用的考核方法，它根据所限定的因素来对员工进行考核。这种方法主要是在一个等级表上对业绩的判断进行记录。这个等级被分成几类（通常是一个5级或7级的量表），它常常采用诸如"优秀""一般"和"较差"这些形容词来定义。当给出了全部等级时，这种方法通常可以使用一种以上的业绩考核标准。业绩评定表受到欢迎的原因之一就是它具有简单、迅速的特点。

考核所选择的因素有两种典型类型：与工作有关的因素和与个人特征相关的因素。与工作有关的因素是工作质量和工作数量，而涉及个人因素的有诸如依赖性、积极性、适应能力和合作精神等特征。考核者通过指明最能描述出员工及其业绩的每种因素的比重来完成这项工作。

有些公司为评价人员对给定的每一因素做出评价，提供了一定灵活运用的空间。当评价者做出最高或最低的评价时，要求注明理由，即使是被要求这样做，这种做法也会受到鼓励。例如，如果对一名员工的积极性评价为不满意，则评价者需提供这种较低评价结论的书面意见。这种书面要求的目的在于，避免出现武断或草率的判断。

为了得到一个对工作质量的较优秀评价，个人必须不断地超额完成其工作要求。对各种因素和等级定义得越精确，评价者就会越完善的考评员工的业绩。当每个评价者对每个因素和等级都按同样的方法解释时，则会取得整个组织评价上的一致性。

许多绩效考核的业绩评定表还提供了对员工成长潜力的评价。考核的结果从当前工作的最好或接近最好的业绩一直排列下去，没有明显的界限。虽然在对过去业绩或将来潜力同时做出评价方面有些欠缺，但这种做法还是经常被采用。

二、以员工比较系统为基础的绩效考核

大部分的绩效考核工具要求评价者依据某些优胜标准来评价员工绩效。然而，使用员工比较系统，员工的绩效是通过与其他员工的绩效相比较来评价的。

换句话说，员工比较系统是用于排序，而不是用于评分。排序形式有多种，如简单排序、配对比较或强制分布。简单排序要求评定者依据工作绩效将员工从最好到最差排序。配对比较法则是评定者将每一个员工相互进行比较。如将员工 1 与员工 2、员工 3 相比，员工 2 与员工 3 相比。赢得最多"点数"的员工获得最高等级。强制分布法要求评定者在每一个绩效程度档次上（如最好、中等和最差）都分配一定比例的员工。强制分布法，类似于在曲线上划分等级，一定比例的员工得 A，一定比例的员工得 B 等。

(一) 简单排序法

在使用简单排序法进行绩效考核时，评价者只要简单地把一组中的所有员工按照总业绩的顺序排列起来即可。例如，部门中业绩最好的员工被排列在最前面，最差的被排在最后面。这种方法的主要问题是，当个人的业绩水平相近时难以进行准确排序。

作为简单排序法的一种演变，平均比较法将每个员工的工作业绩与其他员工的工作业绩进行简单比较，获得有利的对比结果最多的员工，就在绩效评估中被排列在最高的位置上。而有些人力资源管理者对这样一种评估方法持有异议，他们的观点是员工所要达到的是他们的任务目标，而不是他们取得的目标要比工作小组中的其他人更好。这种考核方法的使用，事实上已超出了个人绩效领域，因此应在一个更广泛的基础上进行考虑。

通常来说，根据某些工作绩效评价要素将员工们从绩效最好的人到绩效最差的人进行排序，要比绝对地对他们的绩效进行评价容易得多，因此，交替排序法也是一种运用得非常普遍的工作绩效评价方法。其操作方法如下。

①将需要进行评价的所有下属人员名单列举出来，然后将不是很熟悉因而无法对其进行评价的人的名字划去。

②用表格来显示在被评价的某一特点上，哪位员工的表现是最好的，哪位员工的表现又是最差的。

③再在剩下的员工中挑出最好的和最差的。依次类推，直到所有必须被评价的员工都被排列到表格中为止。

很显然,运用简单排序法进行绩效考核的最大优点就是简单实用,其考核结果也令人一目了然。但这种方法容易对员工造成心理压力,在感情上也不易被接受。

(二) 配对比较法

配对比较法使得排序型的工作绩效法变得更为有效。其基本做法是,将每一位员工按照所有的考核要素("工作数量""工作质量"等)与所有其他员工进行比较,根据配对比较的结果,排列出他们的绩效名次,而不是把各个被考核者笼统地排除。假定需要对5位员工进行工作绩效考核。那么在运用配对比较法时,首先应当列出一张表格,其中要标明所有需要被考核的员工姓名以及需要考核的所有工作要素。然后,将所有员工根据某一类要素进行配对比较,然后用"+"(好)和"-"(差)标明谁好一些,谁差一些。最后将每一位员工得到的"好"的次数相加。

配对比较法的缺点是,一旦下级人数过多(大于5人),手续就比较麻烦,因为配比的次数将是按 $[n(n-1)]/2$(其中 $n=$ 人数)的公式增长的。5个下级的配比需要10次;10个下级就要配比45次;如有50个下级就要1225次。而且只能评比出下级人员的名次,不能反映出他们之间的差距有多大,也不能反映出他们工作能力和品质的特点。

(三) 强制分布法

该方法需要评估者将被评估者按照绩效考核结果分配到一种类似于正态分布的标准中去。这种方法是基于这样一个有争议的假设,即所有小组中都有同样优秀、一般、较差表现的员工分布。可以想像,如果一个部门全部是优秀员工,则部门经理可能难以决定应该把谁放在较低等级的小组中。

强制分布法与"按照一条曲线进行等级评定"的意思基本相同。评估者使用这种方法,就意味着要提前确定准备按照一种什么样的比例将被评价者分别分布到每一个工作绩效等级上去。比如,我们可能会按照下述比例原则来确定员工的工作绩效分布情况,如表2-2所示。

表 2-2　员工工作绩效分布比例

绩效水平	比例
绩效最高的	15%
绩效较高的	20%
绩效一般的	30%
绩效低于要求水平的	20%
绩效很低的	15%

这种方法的优点是有利于管理控制，特别是在引入员工淘汰机制的公司中，它能明确筛选出淘汰对象。由于员工担心因多次落入绩效最低区间而遭解雇，因而这种方法具有强制激励和鞭策功能。当然，它的缺点也同样明显，如果一个部门员工的确都十分优秀，如果强制进行正态分布划分等级，可能会带来多方面的弊端。

从以上介绍的三种基本的比较方法可以看出，员工比较系统的优点是成本低、实用，评定所花费的时间和精力非常少。而且，这种绩效考核法有效地消除了某些评定误差，如避免了宽厚性错误及评定者的趋中性错误。当然员工比较系统也有几个缺点。首先，因为判定绩效的评分标准是模糊或不实在的，评分的准确性和公平性就可能受到很多质疑。其次，员工比较系统没有具体说明一个员工必须做什么才能得到好的评分，因而它们不能充分地指导或监控员工的行为。最后，公司用这样的系统不能公平地对来自不同部门的员工的绩效进行比较。比较常见的例子，如 A 部门排在第六名的员工可能比 E 部门的第一名做得更好。

三、针对员工行为及个性特征的绩效考核

(一) 因素考核法

因素考核法是将一定的分数按权重分配给各项绩效考核指标，使每一项绩效考核指标都有一个考核尺度。然后根据被考核者的实际表现在各考核因素上评分，最后汇总得出的总分，就是被考核者的考核结果。此法简便易行而且比排序法更为科学。

比如，我们可以为被考核者设定以下四个绩效考核指标，运用因素考核法划分权重并制定标准如下，并以此为基础对员工绩效进行考核。

1. 出勤，占总分30%，分为上、中、下三个等级

出勤率100%为满分（30），病事假一天扣1分，旷工一天扣20分，迟到或早退一次扣15分，旷工一天以上或缺勤30天以上者不得分。

2. 能力，占总分20%，分上、中、下三等

技术高、能独立工作、完成任务好、胜任本职工作的评为上，低于这个技术水平的评为中或下。在考核阶段内如有1个月未完成下达任务的扣10分。

3. 成绩，占30%，分上、中、下三等

协调性好、积极主动工作、安全生产、完成任务好的评为上，较差的评为中，再差的评为下。在工作、生产中出现的一次差错，造成损失的或安全、质量方面发生事故经企业研究做出处理者一次扣10分，情况严重者不得分；如有1个月未完成下达任务的扣15分，病事假每1天扣0.5分。

4. 组织纪律，占20%，分为上、中、下三等

工作服从分配、遵守规章制度、讲究文明礼貌、能团结互助的评为上，否则评为中或下。违反企业规章制度或因工作职责经企业处理者一次扣10分。

各考核因素的上、中、下三个等级的比例均分别控制在25%、60%、15%。

(二) 图解式考核法

图解式考核法也称为图尺度考核法。图解式考核法主要是针对每一项考核的重点或考核项目，预先订立基准，包括依不间断分数程度表示的尺度和依等级间断分数表示的尺度，前者称为连续尺度法，而后者称为非连续尺度法。实际运用中，常以后者为主。图尺度考核法列举出了一些绩效构成要素（如"质量"和"数量"），还列举出了跨越范围很宽的工作绩效等级（从"不令人满意"到"非常优异"）。在进行工作绩效考核时，首先针对每一位下属员工，从每一项考核要素中找出最能符合其绩效状况的分数，然后将每一位员工所得到的所有分值进行加总，即得到其最终的工作绩效考核结果。

当然，许多企业还不仅仅停留在对一般性绩效考核指标（如"数量"和"质量"）的考核上，他们还将作为考核标准的工作职责进行进一步分解。

利用图解式考核表不仅可以对员工的工作内容、责任及行为特征进行考核，

而且可以向考核者展示一系列被认为是成功工作绩效所必需的个人特征(例如：合作性、适应性、成熟性、动机)，并对此进行考核。比如我们可以为每一个必备的特征给定一个5级或7级的评定量表，量表上的分数用数目或描述性的词或短评加以规定，用以表示不同的绩效水平。

图解式考核法的优点是实用而且开发成本小，人力资源经理们也能够很快地开发出这种图解形式，因此许多组织都使用图解式评定量表。当然图解式评定量表也有很多问题，比如量表不能有效地指导行为，也就是说，评定量表不能清楚地指明员工必须做什么才能得到某个确定的评分，因而他们对被期望做什么一无所知。例如，在"态度"这一项上，员工被评为"2"这个级别，可能很难找出如何改进的办法。除此之外，图解式的评定量表也不能提供一个良好机制以提供具体的、非威胁性的反馈。因为多数负面反馈一般应集中在具体行为上，而不是评定量表所描述的定义模糊的个人特征。

与图解式评定量表相关的另一个问题是评定的准确性。由于评定量表上的分数未被明确规定，所以很可能得不到准确的评定。例如，两位评定者可能用非常不同的方式来解释"平均"标准，这样未被明确规定的绩效标准会导致评定失误的增加，还有可能提供由偏见产生的各种现成机制。也有一些人认为，图解式评定量表做出的评定只不过是"主观判断的说法"，并裁决这种评定量表不应用于晋升决策，因为在这样一个主观的过程中可能存在潜在的偏见。

(三) 行为锚定评价法

行为锚定评价法是由美国学者史密斯和肯德尔在美国"全国护士联合会"的资助下于1963年研究提出的一种考核方法。这种方法是利用特定行为锚定量表上不同的点的图形测评方法，是在传统的评级量表法的基础上演变而来的，也是评级量表法与关键事件法的结合。在这种评价方法中，每一水平的绩效均用某一标准行为来加以界定。

1.建立行为锚定评价法的步骤

建立行为锚定评价法，通常需要经过以下五个步骤。

①确定关键事件。由一组对工作内容较为了解的人(员工本人或其直接上级)

找出一些代表各个等级绩效的关键事件。

②初步建立绩效评价要素。将确定的关键事件合并为几个（通常是5~10个）绩效要素，并给出绩效要素的定义。

③重新分配关键事件，确定相应的绩效评价要素。向另外一组同样熟悉工作内容的人展示确定的评价要素和所有的关键事件，要求他们对关键事件进行重新排列，将这些关键事件分别归入他们认为合适的绩效要素中。如果第二组中一定比例的人（通常是50%~80%）将某一关键事件归入的评价要素与前一组相同，那么就能够确认这一关键事件应归入的评价要素。

④确定各关键事件的评价等级。后一组的人评定各关键事件的等级（一般是七点或九点的尺度，可能是连续尺度的，也可能是非连续尺度的），就确定了每个评价要素的"锚定物"。

⑤建立最终的行为锚定评价表。

2. 行为锚定评价法的优点

行为锚定评价法的优点有很多。尽管使用行为锚定评价法要比使用其他的工作绩效评价法花费更多的时间，但是许多人认为，行为锚定评价法有以下一些十分重要的优点。

①工作绩效的计量更为精确。由于行为锚定评价法是由那些对工作及其要求最为熟悉的人来编制行为锚定等级体系，因此其应当能够比其他评价法更准确地对工作绩效进行评价。

②工作绩效评价标准更为明确。等级尺度上所附带的关键事件有利于评估者更清楚地理解"非常好"和"一般"等各种绩效等级上的工作绩效到底有什么差别。

③具有良好的反馈功能。关键事件可以使评估人更为有效地向被评估人提供反馈。

④各种工作绩效评价要素之间有着较强的相互独立性。将众多的关键事件归纳为5种至6种绩效要素（如"知识和判断力"），使得各绩效要素之间的相对独立性很强。比如，在这种评价方法下，一位评估者很少会仅仅因为某人的"知觉

能力"所得到的评价等级高,就将此人其他的所有绩效要素等级都评定为高级。

⑤具有较好的连贯性。相对来说,行为锚定评价法具有较好的连贯性和较高的可信度。这是因为,在运用不同评估者对同一个人进行评估时,其结果基本上都是类似的。

从行为锚定与图解式评定的比较上看,行为锚定评价法和图解式评定量表一样,要求评估者根据个人特征评定员工。典型的行为锚定评价量表包括7个或8个个人特征,被称为"维度",每一个都被一个7级或9级的量表加以锚定。值得注意的是,行为锚定式评价量表中所使用的评价量表与图表尺度法中所使用的评价量表在结构上并不相同。行为锚定式评价量表是用反映不同绩效水平的具体工作行为的例子来锚定每个特征的。

行为锚定式评价量表最大的优点在于它指导和监控行为的能力。行为锚定使员工知道他们被期望表现哪些类型的行为,从而给评估人提供以行为为基础的反馈机会。在最初被提出时,行为锚定式评价量表被预测将大大优于图解式评价量表。人力资源管理专家认为,行为锚定能产生更准确的评分,因为它们能使评估者更好地诠释评定量表上不同评分的含义。然而,正如我们将要看到的,这种期望并未达到。

实际上,行为锚定式评价量表比图解式评价量表的优势尚未被研究证实。绝大部分研究都没能提供证据证明建立和使用行为锚定式评定量表所花费的大量时间和精力从结果上看是值得的。

行为锚定式评价量表的不足之处可能在于评估者在尝试从量表中选择一种员工绩效水平的行为时所遇到的困难。有时一个员工会表现出处在量表两端的行为,因此,评定者不知应为其分配哪种评分。

四、以特殊事件为基础的绩效考核

(一)关键事件法

某些现代绩效考核应用了关键事件法,此方法能使考核更具有针对性。关键事件法针对一些从一线管理者或员工那里收集到的工作表现的特别事例进行考核。通常，在这种方法中，几个员工和一线管理者汇集了一系列与特别好的或差的员工表现有关的实际工作经验，而平常的或一般的工作表现均不予考虑。特别好的工作表现可以把最好的员工从一般员工中挑出来。因此，这种方法强调的是代表最好或最差表现的关键事例所代表的活动。

1. 关键事件法的方法

一旦考核的关键事件选定了，所应用的特别方法也就确定下来了。关键事件法一般有如下几种。

（1）年度报告法

年度报告法的一种形式是一线监督者保持考核期内员工关键事件的连续记载。监督者每年报告决定员工表现的每一个员工记录，其中特别好的或特别差的事例就代表了员工在考核期内的绩效。在考核期中没有或很少记录的员工所做的工作是令人满意的，他们的绩效既不高于也不低于预期的绩效水平（标准或平均绩水平）。年度报告法的优点是它特别针对工作，其工作联系性强。而且由于考核是在特定日期就特定事件进行的，考核者一般很少或不受偏见的影响。

年度报告法的主要缺陷是很难保证员工表现的精确记载。由于监督者更优先地考虑其他事情，因此常常不会给记录员工表现分配以充足的时间。这种不完善可能是由于监督者的偏见或由于缺乏时间和努力。如果管理当局对监督者进行必要的训练，使他们能客观、全面地记载员工的关键事件，这种考核方法也可以用于开发性目标。年度报告法的另一缺陷是缺乏关于员工的比较数据，因此很难用关键事件的记录来比较不同员工的绩效。

（2）关键事件清单法

关键事件法也可以开发一个与员工绩效相联系的关键行为的清单来进行绩效考核。这种考核方法对每一工作要给出20个或30个关键项目。考核者只简单地检查员工在某一项目上是否表现出众。出色的员工将得到很多检查记号，这表明他们在考核期表现很好。一般员工将只得到很少的检查记号，因为他们仅在某些情况下表现出众。

关键事件清单方法常常给不同的项目以不同的权重，以表示某些项目比其他项目重要，通常权重不让完成被考核的员工得知。在将员工关键事件清单上的检查记号汇总以后，就可以得到这些员工的数量型的评价结果。由于这种方法产生的结果是员工绩效的数字型总分，因此必须为组织内每一不同岗位制定一个考核清单，这种方法很费时间而且费用也很高。

(3) 行为定位评级量表

行为定位评级量表把行为考核与评级量表结合在一起，用量表对绩效做出评级，并把关键行为事件根据量表值做出定位。这种方法用起来很方便。这种量表用于评价性目标，它可以很容易地获得与绩效增长和提升可能性相联系的数字型评价结果。这种方法也能用于开发性目标，因为它是与工作紧密联系的，而且是用代表好的工作成绩的关键事项作为评价事项的。

2. 关键事件法的运用

下面就以美国通用汽车公司（GMC）在1955年运用这种方法的过程为例，具体说明"关键事件记录评价法"是如何使用的。

通用汽车公司首先成立了一个委员会，专门领导这项工作。该委员会根据公司的实际情况，制定了以下的考核项目：体质条件、身体协调性、算术运算能力、了解和维护机械设备的情况、生产率、与他人相处的能力、协作性、工作积极性、理解力等。然后，要求工厂的一线领班，根据下列要求，对各自部下的最近工作行为的关键事实进行描述：

· 事实发生前的背景；

· 发生时的环境；

· 行为的有效或无效事实；

· 事实后果受员工个人控制的程度。

例如，一位领班对他一个部下的工作"协作性"是这样记录的。

有效行为：虽然今天没轮到杰克加班，但他还是主动留下加班到深夜，协助其他同事完成了一份计划书，使公司在第二天能顺利地与客户签订合同。

无效行为：总经理今天来视察，杰克为了表现自己，当众指出了约翰和查理的错误，致使同事之间关系紧张。

通用汽车公司采用了"关键事实记录测评法"之后，出现了令人吃惊的结果。员工的有效行为越来越多，公司的效益也直线上升。正如委员会的主任——人力资源部长所称，"大多数员工并不愿意做错事，如果领班能不厌其烦地指出员工的不足之处，他们是会设法纠正的……"

3. 关键事件法的优缺点

关键事件考评方法一般是不会单独使用的。因为，记录的只是一些好的或不好的事情，并没有一个贯穿整个过程的事件。这个考评方法只是为以后的考核提供有利的依据。

关键事件法的优点如下：

①有理有据。因为时间、地点、人物全都记录全了，有理有据。

②成本很低。不需要花钱，也不需要花太多的时间，经理做的只是把这个事件花几分钟时间将这四个方面描述下来而已，成本非常低。

③此方法还有一个很大的优点，就是及时反馈，提高员工的绩效。如果不及时反馈，那么，这就会成为缺点，是在积累小过失。如果关键事件记的都是员工的不好，如这个月迟到了3次，那个月没有拜访客户等，这样的情况如果不告诉员工，就是积累小过失。如果采用这种方法就会发现员工会流失非常快，不等经理积累完那些小过失，员工就已经走光了。这是为什么呢？

据统计，员工离职最大的原因，就是平常干得好没有人夸，干得不好也没有人批评。其实每个员工心里都是期望考评的，希望知道自己在公司干得怎么样，如果经理记着这个小账本，却又总不跟员工说，不跟员工反馈，好也不表扬，差也不批评，员工既得不到尊重，又得不到认可，长此以往也许没等给出评分，员工就已经跳槽到别的公司去了。

关键事件法的缺点如下：

不能单独作为考核的工具，必须跟前面介绍的几个方法搭配着使用，这样效果才会更好。

公司刚起步，在成长阶段，没有自己的考核系统的时候，一定要用关键事件法记录员工的光彩和不光彩的行为，以便为是否给员工涨工资、发奖金，或者对员工实行降级、离职等判断提供有利的依据。

采用关键事件法时一定要注意反馈的及时，如果反馈不及时，极容易造成员工的离职。反馈时间要多快合适呢？给员工的反馈速度越快越好。

(二) 不良事故考核法

在对员工绩效进行考核时，我们往往会发现对于某些例行的工作，会存在这样一种现象，那就是即使这些工作被很好地完成，也不会被列为重要的绩效考核指标。而一旦这些例示的工作出了差错，却又给整个组织带来巨大的损失。如何对以这些常规性的、例行性的工作为主要工作内容的员工进行绩效考核，这里我们建议使用不良事故法来进行考核，即通过预先设计的不良事故清单对员工行为进行考核以确定员工的绩效水平。笔者在为企业设计绩效考核体系的实践中，多次运用了这种绩效考核方法。

第三章 薪酬体系设计

第一节 职位薪酬体系设计

一、职位薪酬体系的内涵

(一) 职位薪酬体系的概念

职位薪酬体系是一种成熟、稳定、运用广泛的基本薪酬制度，是根据职位内容和职位价值来决定职位薪酬水平的基本薪酬决定制度。具体而言，首先根据员工所处职位的工作难易程度、技术复杂程度、责任大小、劳动繁重程度等条件，对职位本身价值作出客观评价，然后再根据这种评价的结果来赋予承担这一职位工作的员工与该职位的价值相当的薪酬。

(二) 职位薪酬体系的特点

职位薪酬体系是一种传统的确定员工基本薪酬的制度。它最大的特点是员工担任什么样的职位就得到什么样的薪酬。该体系只考虑职位本身的因素，很少考虑人的因素，即不论个人的技术或能力差别有多大，只要从事的是同样职位的工作，就能获得与工作内容相对等的报酬，是真正的"对事不对人"的付酬方式，或者说实现了真正意义上的同工同酬。由于其付酬依据是员工所处职位在企业中的相对价值，因此，这种薪酬体系在建立之前必须进行职位评价。

(三) 职位薪酬体系的优缺点

与技能、能力薪酬体系相比，作为一种传统的基本薪酬决定制度，职位薪酬体系具有自身独特的优缺点。

职位薪酬体系具有如下优点：

①分配相对公平。职位薪酬体系主要建立在严格的职位价值评价的基础上，基本反映了职位之间的相对价值，实现了内部公平；同时，该体系在确定企业薪酬水平时，一般情况下会参考同行业、同区域的市场薪酬水平，基本能够做到外部公平。

②直观易懂、操作简便。按照职位系列进行薪酬管理，操作比较简单，透明直观，员工容易理解。因此，设计、推行薪酬体系都比较方便，同时管理的成本也比较低。

③薪酬与工作目标结合紧密。职位薪酬体系主要考虑的因素是职位内容和职位价值，而职位内容与工作目标又紧密相连，因此，该体系与工作目标结合比较紧密。

④职位结构和薪酬水平具有较强的逻辑关联。在薪酬水平整体调整、职位设置等发生变化时，很容易对已有的薪酬体系进行修改。

但是，职位薪酬体系也存在一些缺点：

①没有反映出同一工作上不同员工能力及劳动效果的差异，激励作用有限。职位薪酬体现的是某个职位在企业中的重要程度和相对价值，并不关心员工是否创造了价值，也不区别对待员工的不同业绩，只是将薪酬与工作内容相连，并非将薪酬与实际绩效相连。因此，以职位价值为基础确定薪酬，必须配合严格的绩效考核体系。

②不承认超出职位需要的个人能力或跨职位的其他技能，因而不利于充分发挥能力强的员工的积极性，不利于员工的能力发展与职业发展，也不利于及时反映多变的外部经营环境对工作的新要求。

③由于薪酬与职位直接挂钩，而高层职位又相对有限，因此当员工晋升无望时，他的基本薪酬会在相当长时间内保持原来的水平。员工获得较大幅度加薪的

机会很少，其工作积极性会受挫，甚至会出现消极怠工或者离职的现象。

④对职位评价的合理性、公正性和准确性的要求很高。而这恰恰是职位薪酬体系成功与否的难点和关键所在。通常来说，员工对于这种薪酬模式的质疑大多集中在职位评价上，因为职位价值直接决定了该职位上员工可获得的薪酬水平，而职位评价本身在确定评价因素、各因素权重以及评定各种薪酬要素的级别上都不可避免地带有某种程度的主观性，这样就使评价缺乏完全客观和公正的结果。同时职位评价是专业性、技术性很强的工作，没有专家参与、资源投入是很难成功的。

二、职位薪酬体系的实施条件

为了更好地发挥职位薪酬体系的功效，企业必须更多地利用这种制度的优点并克服其缺点。因此，分析职位薪酬体系的实施条件是非常有必要的。为了更好地发挥职位薪酬体系的作用，企业在实施职位薪酬体系之前，要做到以下几个点。

(一) 职位的内容已经明确化、规范化和标准化

职位薪酬体系要求纳入本系统中的职位本身必须是明确的、具体的。因此，企业必须保证各项工作有明确的专业知识要求，有明确的责任，同时这些职位所面临的工作难点也是具体的、可以描述的。换言之，必须具备工作分析和评价的基本条件。

(二) 职位的内容基本稳定，在短期内不会有很大变动

职位薪酬体系以各职位的工作内容为基础来确定职位等级。因此，只有当职位的内容保持基本稳定时，企业才能使工作的序列关系有明显的界限，不至于因为职位内容的频繁变动而使职位薪酬体系的相对稳定性和连续性受到破坏。

(三) 企业具有按个人能力安排职位的机制

由于职位薪酬体系是根据职位本身的价值向员工支付报酬的，因此，如果员工本人的能力与所担任职位的能力要求不相匹配，其结果必然会导致不公平的现象发生。故而企业必须能够保证按照员工个人的能力来安排适当的职位，既不能

存在能力不足者担任高等级职位的现象，也不能出现能力较强者担任低等级职位的情况。当个人能力发生变动时，他们的职位也应随之发生变动。

（四）企业中存在相对较多的级别

在实施职位薪酬体系的企业中，职位的级数应该相当多，从而保证企业能够为员工提供一个随着个人能力的提升从低级职位向高级职位晋升的机会。如果职位等级很少，大批员工上升到一定职位之后就无法继续晋升，其结果必然会阻塞员工的薪酬提升通道，加剧员工的晋升竞争，挫伤员工的工作积极性以及进一步提高技能和能力的动机。

（五）企业的薪酬水平必须足够高

即使是处于最低职位级别的员工也必须能够依靠其薪酬来满足基本的生活需要。如果企业的总体薪酬水平不够高，职位级别又很多，则处于职位序列最底层的员工所得到的报酬就会非常少，从而无法获得最低生活保障。

三、职位薪酬体系的设计流程

职位薪酬体系是以员工所承担的职位价值来确定其基本薪酬的，因此，要建立职位薪酬体系必须首先进行职位分析和职位评价，其设计主要包括以下步骤。

（一）开展职位分析

结合企业经营目标，在业务分析和人员分析的基础上，明确部门职能和职位关系，搜集企业内各职位的相关信息，进行职位分析并形成完整、清晰的职位说明书。职位说明书提供了相关的职位描述和任职资格的信息与说明，为职位评价奠定了基础。

（二）进行职位评价

实行职位薪酬体系主要应解决好两方面的问题，即职位的正确评价与职位薪酬数额的确定。对于以职位作为基本薪酬确定基准的薪酬体系来说，其核心工作是对职位本身的价值及其对组织贡献度的大小进行评价。这实际上是在解决内部公平性或一致性问题，然后再根据这种评价以及外部劳动力市场的薪酬状况来确定应当对不同的职位支付的薪酬水平高低。而能够帮助企业确定不同职位在企业中的重要性高低或价值大小的方法就是职位评价。职位评价的主要目的就在于衡量企业内部每一项工作的价值，并建立各项工作价值间的相对关系。这也是职位薪酬体系设计的核心工作。

职位评价与职位分析之间有着密切的联系。职位分析得到的信息是进行职位评价的重要基础。在职位分析中，通过对职位的系统研究得到的职位说明书包括职位描述与任职资格，这些有关职位的充分信息使我们能够对工作的复杂性、难度、责任和价值作出适当的评价，从而确定这些职位之间的相对价值。同时，职位说明书可以识别、确定和权衡对各种职位应该给予补偿的因素。

由于工作性质的不同，职位不仅有等级之分，也有类别之分；不仅有纵向的比较，也有横向的比较。因此，职位评价不仅要考虑通常所说的不同职位等级之间的纵向公平性或纵向一致性，也要注意同一职位等级内部的横向公平性或横向一致性，尤其是将职位评价与薪酬联系起来以后，可能在两个方面都会产生公平问题。另外，部门因素也会影响到职位的相对价值评估。

(三) 建立职位结构

根据职位评价结果建立的职位结构体系，是保证薪酬内部公平性的重要环节，是建立薪酬结构的基础。职位评价的结果是要得到一个职位等级，即从企业中具有最高价值的职位到最低价值的职位的一个等级序列。虽然从理论上讲，每一职位根据其相对价值都可对应于一个工资值，但一职一薪过于烦琐且会增大管理难度，况且，还可能有一些非典型职位并未参加职位评价。因而常常把职位价值相近的多种职位类型归并组合，形成职位等级，然后通过价值排序，形成职位等级序列或职位结构体系。

可见，在建立职位结构时，要确定职位等级的数量、级差、等级内部的变动范围等。其中，等级数量的多少与企业中的职位数量以及职位之间的差异大小有关，而等级级差和等级内浮动范围与等级数量也有关系。一般而言，职位等级的数量越少，等级级差和等级内浮动范围越大；职位等级越高，等级间的等级级差和等级内浮动范围越大。

(四) 进行薪酬调查

职位评价虽然为实现薪酬体系的内部公平性打下了良好的基础，但还要进行薪酬调查，以确保企业的薪酬水平在劳动力市场上具有外部公平性或竞争性。通过薪酬调查，可以建立起市场薪酬曲线，即在目前的劳动力市场上企业中各职位应得到的薪酬标准。这样，企业就可以参照本地区或本行业其他企业（尤其是存在人力资源竞争关系的企业）的薪酬水平制定和调整本企业的薪酬水平。

(五) 选择薪酬定位策略

在分析市场或同行业的薪酬数据后，需要做的是根据企业的财力状况及战略需要选择不同的薪酬水平来定位策略，如领先、跟随、滞后或是混合策略。这一过程通常是与下文所讲的薪酬结构设计同步进行的。

(六) 拟合薪酬曲线

为了根据企业薪酬哲学和薪酬定位的策略以及基准职位的市场薪酬数据对各职位等级进行"定价"，就要通过建立薪酬曲线，以明确各职位等级与薪酬等级的关系。

职位评价只是得到每一职位对本企业相对价值的顺序、等级、分数或象征性的金额。比如，采用排序法可得到企业内各职位的相对价值的排列顺序；采用分类法可得到企业内每一职位相对价值的等级，即属于何种级别；采用要素比较法可得到一个赋予企业内每一职位相对价值的象征性薪酬数额；采用点数法可得到反映企业内每一职位相对价值的分数。这些都是企业内各职位的理论价值，但还没有将它们转换为实际的薪酬额。职位等级只能说明，工作的完成难度越大，对员工的素质要求越高，对企业的贡献与重要性越高，就意味着该工作的相对价值越大，因此职位的薪酬标准也应该越高。

不同的企业有不同的薪酬价值观，不同的价值观决定了不同的薪酬结构。因此，要在考虑企业薪酬策略与价值观的基础上，将职位评价结果与市场薪酬调查结果结合起来，使职位的价值差异与薪酬差异相对应。也就是说，要将职位评价的结果与具体的实付薪酬数额建立起对应关系，把企业内各职位等级的理论价值（顺序、等级、分数或象征工资额），转换为实际的工资额，从而形成"薪酬曲线"。

职位评价与薪酬的对应关系的设计是企业薪酬政策与管理价值观的集中体现。通过这个设计建立企业的薪酬体系，使每一职位的工资都对应于它的相对价值，从而充分体现薪酬的内在公平性。但是这种对应关系还要受到外部竞争性的影响，即使是在同一个企业内部，职位等级不同，对该职位所得薪酬的内部公平性和外部竞争性的考虑也会出现不同的侧重。一般情况下，职位等级越高，则对外部竞争性的强调可能会越多，而对内部公平性的强调会减弱。为了满足外部竞争性的要求，企业常常不得不打破原先建立的职位价值系列和内部公正性原则，而赋予某些竞争性强或流动率高的职位以更高的薪酬。

(七) 建立薪酬结构

由于职位级别决定薪酬级别，所以职位结构也在一定程度上决定着薪酬结构。由于同一职位等级内有一定浮动幅度（如点数范围），相应地，某一薪酬等级所对应的薪酬数额往往也会有一个上、下限的区间，而不只是一个点，它有利于增加职位薪酬结构的灵活性，使员工在不变动职位或职位等级的情况下，随着技能的提升、经验的增加、资历的增长而在同一职位等级内使薪酬有所提升。在建立薪酬结构时，还应根据职位结构确定薪酬各等级的薪酬范围，如起薪点、顶薪点、薪酬区间、相邻等级间的重叠程度等。在这个过程中，要参考在市场调查中得到的各职位薪酬等级的市场薪酬，再结合企业的薪酬定位策略对其进行领先、滞后或同步的调整，从而得到该职位薪酬范围的中点。在这个中点的两边可以根据职位的价值差异、员工资历的变化、绩效变动差异、职位等级的高低等因素，确定薪酬变动范围（或称薪酬区间）。薪酬变动范围一般会产生薪酬等级间的重叠问题，适度的薪酬重叠设计可以使较低职位等级的员工因资历、能力等因素的提高而获得比高职位员工更多的薪酬。

(八) 建立薪酬管理机制

建立薪酬管理机制是实现对基本薪酬的动态调整，不断完善薪酬结构的关键，主要包括两大机制：一是入轨机制，即如何使现有员工和新员工进入这样的基本薪酬框架；二是调整机制，即要明确如何根据员工绩效、能力和资历的变化以及其他相关因素（如通货膨胀、政府政策改变）对员工的基本薪酬进行调整。

在传统职位薪酬体系中，员工的薪酬取决于他们所在的职位，职位的价值决定员工的价值，而薪酬增长的前提则是上一级职位出现空缺，这通常会导致薪酬受职位所限，只侧重于对传统价值进行奖励，例如将工作职责范围所规定的目标完成情况作为一种衡量标准，不重视员工当前和未来的发展要求，因此可能与强调学习的组织文化相抵触。而当员工的需求已经随着经济和文化价值观念向前发展时，组织结构、人力资源政策和薪酬方案却无法保持同步，这必然导致薪酬方案起不到作用。如果企业的薪酬方案不能激励员工从工作中获得经验、能力和技能，得到提升及发展，那么这种薪酬方案的有效性是值得怀疑的。它可能导致企业花费了大量的人力成本，却没有产生相应的生产率和利润。

知识经济的迅猛发展使企业外部环境的不确定性增强、变化加快，更多的企业采用了扁平化的企业结构以提高灵活性和效率，这就使得通过职位晋升获得薪酬提升的机会变得越来越少。同时，企业建立核心竞争力的战略需要员工具有更高的能力、承担更大的责任、解决更复杂的问题，员工任务的完成更依赖团队合作和较少的直接监督。员工需要做的工作已经不再局限于工作说明书中指定的任务，他们必须懂得更多，想得更多，必须对工作后果承担个人的责任。企业不能再将员工的工作拘泥于特定的职位描述，必须鼓励他们尝试更多的工作，钻研更新的工作方法。因此，企业迫切需要新的薪酬制度来支持这种新的变化。与此同时，为了留住核心员工，新的薪酬方案必须给员工成长留出空间，必须有职位头衔之外的东西去激励员工。正是在这种背景下，许多公司改变了原来仅仅依靠职位决定员工薪酬的制度，引入了新的薪酬制度即基于任职者的薪酬方式，以满足上述要求。

基于任职者的薪酬体系包括技能薪酬体系和能力薪酬体系。技能薪酬体系是根据员工所掌握的与业务相关的技能数量和水平来支付工资的。其假设条件是：具有较多知识和技能的员工工作效率更高而且更灵活，更容易使工作流程与人员配备水平相匹配。这种薪酬体系广泛运用于蓝领员工，这主要是因为在这些岗位，工作可以具体化和量化，识别并衡量工作中所需的技术是比较容易的。但对于白领员工，特别是知识工作者，技能薪酬体系就明显不适用了，因为他们的工作很少能提炼出操作性的技能，决定他们绩效的东西不是知识与技术，而是某些品质与特征。能力薪酬体系就适应了白领员工的这种特点。在能力薪酬体系中，支付个人薪酬的依据是员工所掌握的能力，薪酬增长取决于他们能力的提高和每一种新能力的获得。下一节将分别对技能薪酬体系和能力薪酬体系进行介绍。

第二节　技能薪酬体系设计

最初技能薪酬的出现是为了保证工厂生产的连续性，工厂允许员工承担其他员工因缺勤而空置的工作，这样员工就不得不学会其他工作所需要的知识和技能，从而实现工作的扩大化。20世纪40年代以来，技能薪酬在工厂中和其他一些蓝领工作占主导地位的场合得到了广泛的运用。

据美国《商业周刊》一项关于技能薪酬的使用情况和效果的调查研究表明，技能薪酬已在全美30%以上的公司中推广使用。在1990年，51%的美国大企业在至少一部分员工中实行了技能薪酬。国内也有越来越多的企业开始采用这种思路来进行薪酬制度的设计。技能薪酬的使用一般能带来更高的员工绩效和满意度。美国的《幸福》杂志对1000家企业的研究发现，在1987～1990年间技能薪酬方案的使用迅速增加，并且在实行技能薪酬方案的公司中，有60%的公司认为该方案在提高组织绩效方面是成功的或者是非常成功的，只有6%的公司认为是不成功的或者是非常不成功的。同时，技能薪酬的使用范围已经从基层人员发展到白领阶层，甚至是管理阶层。

一、技能薪酬体系的内涵

（一）技能

在基于任职者的薪酬体系中，通常会遇到这样一些基本概念：技能、能力以及胜任力。技能通常被定义为在运用知识的过程中表现出来的行为，或者通过学习获得的从事某种活动的熟练程度。相对于技能而言，能力则是一个比较抽象的概念。在本章中，所谓的能力是指绩效行为能力，而不是一般意义上的能力。绩效行为能力又称素质、胜任力，它是指与实现高绩效的行为有关的各种素质和能力，包括知识、技能、行为方式、价值观、个性特征和动机等要素。总的来说，技能往往是指蓝领工作以及事务性工作所需要的工作技能，而胜任力则通常在对管理人员、专业人员、技术人员以及其他白领工作进行讨论时才会被提到。

在技能薪酬体系中员工的技能包括以下三个维度。

(1) 深度技能

深度技能是指任职者掌握了与完成同一种工作有关的更多更深的知识和技能。员工要在某一职位上取得高绩效，除了需要胜任一些简单的体力活动之外，还需要从事一些较为复杂的脑力活动。

(2) 广度技能

广度技能是指任职者在掌握本职位技能之外还掌握了其他相关职位（如本职位的上游职位、下游职位或者同级职位）所要求的技能。

(3) 垂直技能

垂直技能是指任职者能进行自我管理，掌握与工作有关的计划、领导团队合作以及培训等技能。

(二) 技能薪酬体系的含义及特点

所谓技能薪酬体系或技能薪酬计划，是指组织根据企业的经营策略，以员工所掌握的与工作有关的技能以及知识的深度和广度来支付基本薪酬的一种报酬制度。这种薪酬决定体系的一个共同特征是，员工所获得的薪酬是与知识、技能而不是与职位联系在一起的。

技能薪酬体系与职位薪酬体系的区别在于：①前者强调的是员工方面的特征，而后者强调的是工作方面的特征。技能薪酬体系的设计目的就是把职位薪酬体系所强调的工作任务转化为能够被认证、培训以及为之付酬的各种技能。②前者以"投入"为关注点，企业更多的是依据员工所拥有的相关工作技能而不是其承担的具体工作或职位的价值来对他们支付薪酬，而后者是以职务或者工作的价值来确定报酬，关注的是工作的"产出"。

二、技能薪酬体系的实施条件

一个企业要顺利地实施技能薪酬体系必须具备下列条件。

(一) 健全的技能评价体系

实施技能薪酬体系首先要对员工的技能进行评价，从而确定出不同的等级，然后根据员工所处等级的不同分别给予不同的薪酬。因此，确定员工的技能等级也就成为技能薪酬体系实施的核心问题。

健全的技能评价体系，至少要包括以下三个方面：一是技能评价的主体，二是技能评价的要素，三是技能评价的等级。一般来说，技能评价的主体由企业资深专业人员和外聘专家共同组成，但在不同企业技能评价主体有所不同。技能评价的要素是指工作中运用到的、对工作绩效起直接作用的技能。确定技能评价要素要结合企业的实际情况，突出本企业的特点。技能评价的等级不宜过多，也不宜过少，过多，对技能的区分度就会大大降低，不利于薪酬制度的设计；过少，对员工的激励性又不够，会影响技能薪酬实施的效果。技能等级一般设定为3~5个，具体的等级数目则要根据企业的规模和工作特点灵活掌控。

(二) 扁平化的组织结构

扁平化的组织结构有以下特点：企业组织规模小型化，工作由生产团队在一种亲密的、相对简单的工作状态下完成，员工自主管理。扁平化的组织结构使企业对组织内外的变革反应更加灵活、快速、高效，而且为员工的参与和发展提供了良好的组织环境。在扁平化的组织结构中，员工将注意力从职位晋升和地位提高，转向技能的学习、运用和扩充，这正是实施技能薪酬体系所必需的基础。

(三) 工作结构性较高、专业性较强

一个组织采用技能薪酬体系的基本假定是掌握更多与工作有关的新技能的员工能为企业作出更大的贡献，理应得到更多的报酬。结构性较高的工作恰好符合这一假设。判断一种工作结构性的高低，主要是看这种工作的目标、内容、完成的方式及程序和结果是否确定，如果这种工作的诸多方面都是确定的，则说明该项工作的结构性较高；反之，则较低。就结构性较高的工作而言，其工作目标、

内容、程度、完成方式乃至结果都是比较确定的，员工技能水平的高低将直接影响工作质量的好坏。因此，如果组织根据员工技能的高低来为员工发放工资，就可以促使员工不断努力提高自己的技能水平，从而实现提高工作质量的目标。

技能薪酬体系主要在从事专业性工作的员工中实行，而像管理工作这样的综合性工作是很难实行技能薪酬体系的。因为专业性强的工作，其所需技能较易确定，且较易测试和评价。

(四) 高度的员工参与

在设计和实施技能薪酬体系过程中，首先，需要从员工那里获得充分的反馈信息及建议，不断对方案进行修改。因为一线员工清楚地了解企业需要什么技能，而他们已经掌握了哪些技能，需要提高哪些技能，这些对完善技能薪酬体系是至关重要的。其次，实施技能薪酬体系后，员工的灵活性大大加强，技能水平不断提高，视野也越来越开阔，如果不能让他们通过对企业活动和工作设计的参与将所学到的东西进行应用的话，技能薪酬体系的效用就会被浪费，从而达不到预想的效果。

(五) 完备的培训机制

实行技能薪酬后，员工的薪酬就与其掌握的知识和技能产生了直接的联系，他们会格外重视学习和发展自己的技能。因此，员工对培训的需求必然会增大，这就要求企业有完备的培训机制为员工提供培训，并保证他们有时间参加这些培训。

三、技能薪酬体系的优缺点

(一) 优点

技能薪酬体系的优点主要表现在以下几个方面。

1. 激励员工不断提高知识和技能，使生产效率得以提升

技能薪酬是以员工按企业要求所掌握的工作技能，而不是某一特定职位所要求的技能来提供报酬的。技能薪酬体系很好地适应了技术变革带来的技能宽化和技能深化趋势，向员工传递了关注自身发展和不断提高技能水平的信息。因此，

它能够激励员工根据企业要求不断开发新的知识和技能，提高在完成同一水平层次以及垂直层次的工作任务方面的灵活性和多功能性。在这种薪酬体制下，员工通过不断地、自主地学习知识和技能，对本职工作和企业的整个生产流程了解得更加深入，从而有利于提高生产率和工作质量。与此同时，技能薪酬体系鼓励员工不断掌握新技能，给企业引入新技术带来较大的灵活性，这样有利于员工和企业适应市场上快速的技术变革，从而在市场竞争中赢得优势。

2. 在员工配置方面为企业提供了更大的灵活性

技能薪酬鼓励员工接受多方面培训，从而使员工技能得到提高和丰富，并成为具备多种不同工作技能的"多面手"。能做更多工作的员工对一个企业具有更大的价值，他们能够从事范围更广泛的工作，从而提高其适应环境的能力。由于员工技能领域的扩大给企业在人员配置方面提供了很大的灵活性，削弱了由部分员工的不可替代性给企业生产带来的负面影响。随着员工自身技能的提高，掌握多种技能的员工将不再仅限于做整个工作中的一部分。这样技能薪酬制就大大提高了企业内部员工的流动性，并为员工提供了很多发展的机会。员工不会被特定的工作描述所束缚，能方便地从一个职位流动到另一个职位。企业在员工配置、调换职位时将更为方便、灵活，这也使企业在发生员工辞职、缺勤等意外情况时不必再花费财力、人力来应对，因为职位空缺能很快由掌握了多种技能的员工来填补。这在公司规模较小、业务不稳定的情况下显得尤其重要。同时，员工技能的全面提升还有利于企业裁减人员，避免人浮于事的现象发生。技能薪酬体系比较适合员工参与度高以及灵活的组织结构设计。

3. 鼓励优秀专业技术人才安心本职工作

技能薪酬体系在一定程度上有利于鼓励优秀专业人才安心本职工作，而不是让其去谋求报酬很高但是却并不擅长的管理职位，排除了因客观上职位无空缺而使员工失去发展动力的情况。在过去我国企业中长期存在"官本位"思想，大批优秀的工程技术人员最后以"当官"作为自己事业成功的重要标志，而不是技术水平的持续领先，结果企业出现在技术和管理方面的双重损失，造成这种结果的原因有两点：一是因为失去优秀技术专家所招致的损失；二是由于接受了不良的管理者而受到的损失。这种情况的出现在相当大的程度上就是由于企业的薪酬体系设计是以职位等级或行政级别为导向的，而不是以技能为导向的。

4. 有助于高度参与型管理风格的形成

由于薪酬是与员工对组织的价值而不是所完成的任务联系在一起的，因此，员工的关注点是个人以及团队技能的提高，而不是具体的职位，并且技能薪酬体系的设计本身需要员工的高度参与。因此，这种薪酬体系有助于强化高度参与型的组织设计，提高员工的工作满意度和组织承诺度，从而在生产率提高、成本降低、质量改善的同时，降低员工的缺勤率以及离职率。

5. 满足员工的多种需要

技能薪酬制度为员工认知自身的特殊性、寻求自身多种需要的满足提供了有利的机会。薪酬与技能升级的联系使个人生存可以经由努力学习技能来获得保证。员工对多项技能的学习使得团队成员间共同兴趣点直线上升，随着团队的逐步形成，相互间平等交流成为可能，从而在很大程度上满足了员工人际交往的需要。员工全面技能的通晓使得个人的自我实现不再遥不可及。满足了以上需要的员工会更满意自己的工作，工作起来也会更加努力。

另外，在技能薪酬体系中，员工可能掌握更多的技能并且保持一定的熟练度，同时员工在工作中也拥有了相当程度的自由独立的处置权，因而员工的自我管理能力也得到了提高。另外也使得管理者和监督者摆脱了日常管理性事务，从而可以从事更能够增加企业价值的创新活动。这样就形成了一个更能够激励人的工作环境。

(二) 缺点

技能薪酬体系也有其内在的弊端，主要表现在以下几个方面。

1. 忽略了工作绩效和能力的实际发挥程度等因素

知识、技能本身只是绩效的一种潜在决定因素，它的有效发挥和使用程度会影响实际业绩的多少。如果企业因花在培训和员工薪酬提高上的费用不能真正反映到企业生产效益的增长上，不能通过管理将这种人力资本投资转化为实际的生产力，则企业可能会因此而无法获得相应的利润。同时，这也会导致企业内部不公平观象的出现，比如，两个员工都做相同的工作，而其中一个人仅仅因为掌握更多的技能就能获得较多的薪酬，同工不同酬，这会引起获得较少薪酬员工的不公平感，甚至导致雇佣歧视的申诉。因此，员工的技能等级应尽可能与工作等级或工作职责相一致。

2. 增加了企业薪酬成本

技能薪酬的直接效应是刺激员工提高技能，而员工技能提高后企业必须提高他们的薪酬水平。由于工作本身并不决定薪酬，如果员工仅关注自己个人技能的提升，而没有致力于个人绩效和企业绩效的提高，这时员工技能的快速提升就可能促成短期内薪酬成本的上升。当然，技能薪酬计划所带来的长期收益很可能会抵消其短期薪酬成本的上升。

因此，一个技能导向的薪酬结构体系要发挥好的作用的前提，应当是其比较高的平均薪酬水平必须能够被规模相对较小的劳动力数量或比较高的劳动生产率所消化和吸收。

3. 增加了培训成本、管理成本

技能薪酬体系要求企业能准确把握其真正所需要的技能，进行严格的技能鉴定，并对技能设定合理的薪酬标准，为员工提供必要的培训等，甚至还要设立相应的专门机构，从而导致培训成本、技能鉴定成本和管理成本的上升。因为几乎没有可供参考的市场数据，所以对技能及其组合进行定价是很困难的事，除非以技能为基础的薪酬结构已经得到普遍实施。

4. 技能封顶后的激励问题

实施技能薪酬决定机制，有一个前提条件就是员工必须具有不断增加技能和知识的愿望。有研究发现，在技能薪酬体系下，普通工人平均只需要3年时间即可达到最高水平，但也就没有了增加技能薪酬的余地，那么究竟用什么方式来保持员工的动力呢？这时，企业需要不断进行工作的重新设计来开发新的技能要求，或者利用利润分享等其他激励方式。如果对于那些已经达到企业中最高技术等级的员工没有采取合适的措施以激励其继续学习新的技能，那么员工和企业的发展空间将会受到限制。因此企业必须解决好对员工进行持久激励的问题。另外，如果所有员工的薪酬水平都处在上限，企业的人工成本势必过高。

5. 技能薪酬体系的设计和管理较复杂

技能薪酬体系的设计和管理要比职位薪酬体系更复杂，因此它要求企业有一个更为复杂的管理结构，至少需要对每一位员工在技能的不同层级上所取得的进步加以记录。为了保证技能薪酬制正常、有效地运作，企业在设计技能薪酬方案时必须确定员工提薪所需具备的新技能的数量和种类，并在实际执行中确认员工是否已真正具备了相应的技能。所有这些都给企业提出了很高的要求，但难以得到完全满足。

6. 技能薪酬体系可能会降低组织效率

技能薪酬体系具有强烈的导向性。一方面，员工在为了获取高报酬而不断学习新技能的过程中可能会出现忽视目前本职工作、好高骛远的情况，从而企业效率会大大降低。另一方面，如果企业不能为员工提供使用其新获得的技能的机会，那么企业就无法从新技能的应用中获得收益。另外，技能薪酬制度还可能会引起员工的不公平感从而降低员工的工作效率。

因此，尽管技能薪酬体系能够有效地对今天这种角色多元化和技能推动型的工作进行排序和提供报酬，最终帮助企业来改变员工的行为和改善绩效，但是它本身却并非是在现有薪酬基础上的一种激进的飞跃。员工在开始时可能看不到自己的薪酬出现任何变化，薪酬体系的运作方式与传统薪酬体系几乎是一样的。技能薪酬计划也不要求企业一定要创建新的管理过程。事实上，技能薪酬的许多要素在传统薪酬体系中就已经存在了，它需要利用对职位或工作的衡量来评价技能，并为技能阶梯上的每一个台阶定价以及确定薪酬的范围。

四、技能薪酬体系的设计流程

技能薪酬体系的设计流程的重点在于开发出一种能够使技能和基本薪酬联系在一起的薪酬计划，并且这些技能能够和相对应职位的要求匹配起来。总的来说，技能薪酬体系的设计流程主要包括以下几个步骤。

(一) 成立薪酬指导委员会和薪酬设计小组

技能薪酬体系的设计不能单方面由企业高层管理人员制定，而是需要建立一个由企业高层管理人员组成的薪酬指导委员会和薪酬设计小组。这两个团体的组成和分工是不同的，他们相互配合，共同完成企业技能薪酬体系的建立和实施工作。

指导委员会的职责包括：①确保技能薪酬体系的设计与企业总体的薪酬管理哲学以及长期经营战略保持一致；②制定技能薪酬体系小组的章程并且批准计划；③对设计小组的工作进行监督；④对设计小组的工作提供指导；⑤审查和批准最终的技能薪酬体系设计方案；⑥批准和支持技能薪酬体系的沟通计划。在进行技能薪酬体系具体设计时通常应成立设计小组。设计小组的成员一般应包括薪酬专家、业务专家、员工代表、部门主管、财务人员等，这些来自不同部门的5~7人组成工作团队开展工作。

此外，还有必要挑选出一部分员工作为"主题专家"。这些专家可以包括员工、员工的上级、人力资源管理部门的代表、薪酬方面的专家以及其他一些具备工作流程知识的人。他们的作用是在设计小组遇到各种技术问题时给予协助。

(二) 进行工作任务的分析、评价及组合

由于技能薪酬体系将重心从员工所需完成的工作任务转移到了员工的技能水平，因此首先必须对员工所要完成的工作进行准确的理解和深入分析，这样才能确定对所要完成的工作有价值的技能，从而进行技能的区分以及技能水平的划分。因此，设计技能薪酬体系的第一步就是通过工作分析创建工作任务清单，系统地描述所涉及的各种工作任务。

1. 工作任务的分析

为了描述各种工作任务，我们需要将工作任务分解为更小的分析单位，即工作要素。通过对工作的详细分析，依据一定的格式和规范将每一个岗位的各项工作任务所包含的工作要素详细列出来。根据这些标准化的任务描述，我们就能理解为了达到一定的绩效水平所需要的技能的层次。那么在任务描述中到底应当将信息详细到一种什么样的程度呢？一般认为，进行技能分析，只要强调所要完成

的工作任务以及完成这些任务时需要的关键行为就可以了。

当薪酬设计小组通过工作分析获得了相关职位或工作的工作任务描述以后,还要根据需要重新对工作任务信息进行编排。这一步实际上是要求设计小组在工作任务分析的基础上,评价各项工作任务的难度和重要性程度,然后重新编排任务信息,对工作任务进行组合,从而为技能模块的界定和定价打下基础。

2. 工作任务的难度和重要性的评价

工作任务的难度评价是用来确定完成或者学会完成某种工作任务的困难程度。任务的重要性评价可通过考察工作任务是否在工作现场完成以及该项工作任务对于完成工作或达成某一工作单位的目标是否重要这两个方面来进行。在制订技能薪酬方案时,它通常被用在确定技能水平上。需要注意的是,一项工作任务的难度和它的重要性程度之间并不具有完全的一致性。那些在重要性上得到评价最高的工作任务都是与安全以及对组织的直接经营会产生重大影响一类问题有关的工作任务。而那些在难度评分上得分最高的工作任务则是需要履行者具备较高的熟练程度、较高的判断力以及随机应变能力。

在对工作任务进行评价时需要用到主题专家。评价结束后,还需要让各位主题专家就统计分析结果进行讨论。在对专家的不同意见进行统筹考虑之后,设计小组还要判断这些问题对于最终的量化结果所产生的影响到底有多大,是否需要修正。

3. 工作任务的组合

工作任务(工作要素)的难度和重要性的不同意味着完成各项工作任务的技能要求是不同的。而技能薪酬体系正是依据完成工作的技能标准来完成对薪酬定价的。因此,评价结束后就需要对工作任务进行重新组合。工作任务重新组合的目的在于,根据工作任务的重要性或难度,把各项工作任务分成不同的等级,以便将组合好的工作任务模块分配到不同的技能等级中去,然后再设法对它们进行定价。因此,工作任务的组合为技能模块的界定和定价打下了基础。

对工作任务进行组合的方法有统计方法和观察方法。统计方法是指通过要素分析的方法,运用重要性或者难度两者之中的一个或者两个评价要素对工作任务进行分组。观察方法是指受过训练的工作分析专家和主题专家一起将工作任务分配到不同的组别中。

(三) 确定技能等级

企业在完成对工作任务的技能分析之后，还应确定技能等级，从而为技能定价打下基础。在确定技能等级时应考虑技能模块所包括的工作任务的难度和重要性。每一个技能等级都包括几个难度或重要性相近的技能模块。从不同的角度我们可以将技能模块划分成不同的类型。下面是两种常见的划分方法。

1. 按照生产环节和技能的等级水平两个维度进行划分

按照生产过程的不同环节，划分与生产过程步骤相对应的技能类型。例如，食品厂根据生产中原料采购和处理、配料、原料加工、食品检验、食品包装的工艺流程，将技能类型划分为5类。然后，每种技能类型分为3个等级，包括初级水平、中级水平和高级水平三个模块，这样就划分形成了15个不同的技能模块。

2. 按照从事不同类型工作人员的技能要求和技能水平进行划分

按照技能要求和技能水平将技能类型划分成基础技能、核心技能、可选技能三个模块。基础技能是员工从事工作必须具备的基础知识和能力；核心技能是员工保证生产系统正常运转、完成本职工作任务必不可少的知识和技能；可选技能是员工在本职工作之外附加的专业能力，是更高层次的技能。

企业不管采用哪种技能等级模式，技能等级的总量都不宜过多，也不宜过少。技能等级过多不仅管理上十分麻烦，员工也不易理解；技能等级过少则区分度不强，同时让员工觉得等级提升的希望渺茫，从而失去等级划分激励作用。技能等级的数量主要由工作任务的性质决定，一般而言，3~5个等级比较合适。

(四) 技能等级的定价

对技能模块的定价实际上就是确定每一个技能单位的货币价值。至今也没有一种标准的技能等级定价方法，即并不存在一种能够将技能模块和薪酬联系在一起的标准方式。

由于现今大多数的收入调查是依据职位进行的，基本上没有依据技能水平进行的，因此直接运用薪酬调查确定技能等级的薪酬的方法比较困难。在实践中，技能模块的定价可以采用以下方法：一是直接评定法，即不管企业所需的各种技能的外部劳动力市场价值是多少，企业自己给各种技能评定一个现值工资；二是将技能模块归结到"比照市场职位"后，再调查这些"比照市场职位"的市场工资水平，然后将职位所需的技能逐一分离，根据"比照市场职位"的市场工资水平确定其中所包含的技能的市场工资水平。

(五) 技能的分析、培训和认证

设计技能薪酬体系的最后一个步骤是对员工进行培训和认证。在这一阶段，企业需要对员工的现有技能进行分析，同时还要制订出培训计划、技能资格认证计划及追踪管理工作成果的评价标准。这是技能薪酬体系设计中技术难度最大的工作。

1. 员工技能分析

企业对员工进行技能分析的目的在于确定员工目前的技能水平。员工技能的评价者应由员工的直接上级、同事、下级以及客户共同组成。这些人要从各自不同的角度向被评价员工的上级提供评价意见。需要注意的是，在进行实际技能评价之前，评价各方应当对评价标准达成共识。

2. 培训计划

企业通过对员工技能进行分析，确定员工现有技能和职位需要其所具备的技能之间的差距，确定需要培训的技能，在此基础上企业要制订详细严密的员工技能培训计划。技能培训计划包含的内容有：培训目标、培训对象、培训内容、培训师、培训方法和形式、培训时间及地点等。员工培训计划的制订需要关注两个方面的内容：一是员工的培训需要；二是采用何种方式进行培训最合适。

3. 技能资格的认证与再认证

任何薪酬计划都会要求对员工是否符合薪酬条件进行考察。以技能为基础的薪酬由于标准比较抽象，因此更需要制定相应的技能审核程序和认证制度，企业要对员工的技能进行认真评估以验证员工是否具有某种技能，确认员工的技能水平，以作为薪酬发放的依据。实施技能薪酬体系的最后一个环节是设计一个能够确定员工技能水平的认证计划。该计划应该包含三个要素：认证者、认证所包含的技能水平以及员工通过何种方法表现出自己具备某种技能水平。

企业应组织一个认证委员会,这个由委员会进行的技能评价相对更加客观和公正。其组成人员即认证者可以来自内部,也可以来自外部。内部的认证者主要是由员工的上级和同事以及员工所从事工作领域的专家来认证。外部评价主要是指一些由大学、商业组织以及政府发起的考试和认证计划。这些外部认证机构也是比较公正和客观的。不过,外部评价时由于外部评价者缺乏对员工所处工作环境的了解可能会导致评价失真,此外,员工在工作场合以外获得了某种知识和技能可能并不意味着其就一定能够将它运用到企业的具体工作环境中去。

在技能等级评定和认证完成后,企业每隔一段时间还要对技能水平进行重新认证,只有这样才能确保员工能够持续保持已经达到的技能水平。不仅如此,随着技术的革新,技能本身也在发生变化,因此,企业需要根据员工技术水平的更新情况,不断修订技能等级标准,重新对员工进行技能等级的认证。

第三节 能力薪酬体系设计

相比技能薪酬体系,能力薪酬体系是近年来新兴的尚未完全成熟的薪酬体系。在能力薪酬体系中,决定薪酬的因素是实现高绩效所需的绩效行为能力。绩效行为能力不仅包括知识和技能,还包括行为方式、个性特征、动机等因素。这些对实现高绩效至关重要的能力构成了薪酬支付的基础。能力薪酬体系是建立在素质模型基础上的薪酬体系。

一、能力的概念

能力是20世纪70年代由美国著名的组织行为研究学者戴维·麦克利兰针对组织在人员的选聘和甄选中采用传统的智力测验、性向测验等手段所存在的缺陷(如不能预测被测对象在从事复杂工作时的绩效,就不能预测其在生活中是否能取得成功等)而提出的,它与心理学中的能力有很大的区别。在心理学中,能力的英文是"ability"或"capacity",指的是人的一种个性心理特征,这种特征能直接影响活动的效率或效果。性格或气质虽然能够对人的活动产生一定的影响,但是这种影响并非是直接因素,因此在心理学中并不包括这类特征。而在人力资源管理学科中,却将这种性格、动机、态度等个性特征作为胜任能力的一部分。

本书中所说的能力,显然不是指一般的、人所共有的能力或者社会能力。这里所谓的能力是专指对企业的贡献力,严格来说实际上是一种绩效行为能力,是指一系列的技能、知识、能力、行为特征以及其他个人特性的总称。在组合得当并且环境合适的情况下,这种能力对个人、群体、特定工作以及整个组织的绩效有一种预测作用,即达成某种特定绩效或者是表现出某种有利于绩效达成的行为的能力。不仅如此,员工还可以将他们所具备的这种能力从一种工作带到另一种工作中去。因此,这里的能力实际上是指那些能够增加价值以及预测未来成功的要素。为行文的方便,我们简单地以能力代替绩效行为能力。

为了更好地理解绩效行为能力,海氏提出了关于能力的冰山模型。这一模型认为,一个人的绩效行为能力是由知识、技能、自我认知、人格特征和动机五大要素构成的。知识是指一个人在某一既定领域中所掌握的各种信息,比如知道如何运用办公软件处理文件、了解公司的政策以及公司制订年度经营计划的程序等。技能则是指通过重复学习获得的在某一活动中的熟练程度,比如在打字、推销产品或者平衡预算方面的技能。自我认知是指一个人所形成的关于自己的身份、人格以及个人价值的概念,它是一种内在的自我(自己到底是领导者、激励者,还是仅仅是一颗螺丝钉),只有当自我认知被作为一种可观察的行为表述出来的时候,它才会成为一个绩效问题。人格特征是指在一个人行为中的某些相对稳定的特点以及以某种既定方式行事的总体性格倾向,比如一个人是不是好的聆听者,或者是否很容易产生紧迫感。动机是指推动、指导个人行为选择的那些关于成就、归属或者权力的思想,比如一个人希望获得个人成就并且希望影响他人的绩效。从胜任力的冰山模型看,知识和技能是位于海面上的可见冰山部分,称为基准性胜任力特征,这只是对胜任者基础素质的要求,它不能把表现优异者与表现平平者区别开来;水下冰山部分包括自我认知、人格特征和动机这三大胜任力特征,可以统称为鉴别性胜任力特征,这是区分表现优异者与表现平平者的关键因素。

二、能力薪酬体系的概念及优缺点

能力薪酬体系是一种企业依据员工的胜任能力水平来支付薪酬的制度。由于胜任特征往往更适合复杂的工作，如管理人员、专业技术人员以及其他白领的工作，因此，能力薪酬体系比较适合技术型、创新型等技术密集型的企业，尤其适合各类组织中的高层管理和技术方面的白领职位，如基础研究、基础教育、技术开发这样一些产出周期长、技术含量高、创新要求高、绩效难以考核测量的职位。对于这些职位的员工来说，他们所从事的工作很可能是开拓性的、创造性的、非常规性的，很难用职位描述或者职位说明书中的工作职责和工作任务来表达清楚。这些员工工作的成功更多地依赖其个人综合素质和能力水平的高低，他们的成功对企业绩效目标、发展目标的实现也有很大的影响，甚至可能带来超常利润。在这种情况下，以能力为基础的"投入型"薪酬模式就成为某些企业首选的薪酬模式，它以人们潜在的工作能力作为薪酬衡量标准，而不去过多计较这种能力是否得到很好的发挥，是否能很快为企业创造效益。

能力薪酬体系具有许多优点：减少企业推进组织变革和流程重组的阻力，提高企业的灵活性和适应性；鼓励员工对自身的发展负责，使员工对自己的职业生涯有更多的控制力；能使员工承担更多、更广泛的责任，而不仅仅是职位说明书中涉及的责任；容易向员工阐述薪酬与能力、职位之间的关系，使员工有动力去提升其能力；支持扁平型组织结构。

能力薪酬体系的不足：通常需要周期性更新能力评估体系，重新鉴定员工的能力，在能力淘汰呈现加速度趋势的今天，无疑会大大增加企业管理工作的成本和难度；员工的个人能力并不能得到准确的定义和衡量；增加了企业的人力成本。

三、能力薪酬体系的实施条件

能力薪酬体系不是灵丹妙药，基于以上对能力薪酬体系利弊的分析，结合目前对能力薪酬体系的一些成功案例的考察，企业成功实施能力薪酬体系需要注意下列问题。

第一，要明确能力薪酬体系并不一定适合每一个企业，也不一定适合企业中的每一个部门。一般而言，只有员工的能力在很大程度上决定企业业绩的情况下，这一机制才较为适用。比如，在科学研究、软件开发和管理咨询企业中，由于专家人员的能力高低决定了企业在行业中的地位，而且传统上以职位为基础的薪酬机制并不适用于这些人员，所以以能力为基础提供薪酬是合理的。另外，采用这种薪酬机制的企业一般机构设置比较灵活，结构简单，工资等级宽泛，而且鼓励员工进行职位轮换。

第二，建立能力薪酬体系的前提是具备一套健全的与能力有关的工作评估制度，企业能够科学、合理地界定组织所需要的能力，并且能够准确评价员工的能力。该机制的采用是一个渐进过程，需要一定的实践基础和经验。因此，即便是经验丰富的大企业通常也非常谨慎，很少采用那些难以衡量的能力标准（如人品、个性等）。

第三，通常完全以能力为基础提供薪酬并不可取。在美国大多数公司中，考虑职位的职能和作用以及员工的业绩表现都是十分必要的。这些因素与员工能力一起构成了薪酬制度的基础。能力薪酬体系并不能够完全替代传统的薪酬制度，而是要与之相融合。据调查，已经采用能力薪酬体系的公司中，有40%仍然进行职位评定，又有70%将薪酬同时与员工能力和业绩相联系。这保证了公司既可以对有能力的员工进行补偿，又不会挫伤业绩表现好的员工的积极性。

总之，能力薪酬体系因为存在额外的管理和对人力资源管理方面的其他要求，所以对企业提出了一定的挑战。

四、能力薪酬体系的设计流程

在能力薪酬体系中，支付薪酬的依据是根据员工所掌握的能力，薪酬增长取决于他们能力的提高和新能力的获得。能力薪酬体系的关键是能力提炼、能力分级、能力定价、能力评价以及如何将能力与薪酬联系起来等。这些问题构成了能力薪酬体系设计的主要环节。

一般情况下企业建立能力薪酬体系时，需要经过五个操作步骤。

(一) 能力提炼

能力提炼即确定哪些能力是支持企业战略、为企业创造价值，从而应当获得报酬的。在这一步骤上，实际上要求企业界定自己准备支付报酬的能力到底是哪些。对于能力的界定至今没有统一的认识。在不同的战略导向和文化价值观氛围以及不同的行业中，作为企业报酬对象的能力组合也存在差异。因此，给能力界定一个较广的范围会更恰当一些。

普遍认可的观点是能力必须是可测量的、可观察的，因而也是可以鉴定的。只有在这种原则下，能力薪酬体系设计才能成为可能。同时能力使员工获得掌握自身发展的权利，通过关注最佳绩效而不是普通绩效，帮助员工不断适应市场的需要，为员工提供个人发展的机会，这些性质又使基于能力的薪酬体系有助于实现企业目标和员工目标。为此我们认为，能力指员工应该具备以下核心专长与技能：

①知识：包括专业知识、环境知识（与职位相关的法规政策、竞争态势、行业惯例等）和公司知识（公司制度与政策、组织结构、业务流程和企业文化）。

②技能：包括业务变革能力、业务运作能力、人际关系能力等。

③专业经验与成果：包括专业经验（员工在某专业领域工作时间长短和承担的专业活动和项目）与专业成果（员工在专业领域中取得的业绩）。

④专业规范：指企业对任职者做事方式的要求、业务的关键步骤与关键行为。

(二) 能力分析分级

通常有以下两种思路来进行能力分析分级。

第一种思路是将组织所需要的能力细化到职位簇中，为每个职位簇开发出与其对应的任职资格体系，然后再根据任职资格的要求来衡量员工所具备的能力。这种思路的关键点在于开发一个适应企业实际情况的任职资格体系。

①分类分级。任职资格从纵横两个维度明确了职位对任职者的资格要求。横的维度通过分类分专业实现，使同一专业线涵盖的职位的知识、技能、能力具有较多的共性。纵的维度通过分级实现，使不同等级对任职者的资格要求有明显区

别。级数的多少由两个因素决定：一是要能拉开档次，使同一级内员工的工作能力相差不会太大；二是要易于构筑体系，易于管理。

要强调指出的是，在分类过程中不能太细（极端的例子是为每一个职位开发出与之对应的任职资格），一是因为任职资格标准开发的工作量会相当大。二是因为今后的管理、认证也会相当麻烦。三是也没有必要，因为许多职位对任职者能力的要求区别不是很大。分类也不能太粗，太粗则会使得任职资格中的能力过于抽象、过于宏观（极端的一个例子是将所有管理人员如财务、人力资源等都归成一类），从而损害任职资格体系的实用价值。对于这个问题，我们的建议是，任职资格分类最好是基于职系，然后在此基础上进行微调。

②角色定义。角色定义规定了企业对各级各类任职者"能做什么、需要做到什么程度"的期望，它是任职资格标准体系的核心。它与后面的任职资格标准开发之间的关系是：前者是"做正确的事"，后者是"将事做正确"。角色定义的基本内容包括承担的责任大小，在本专业领域的影响，对流程优化和体系变革所起的作用，要求的知识的深度和广度、技能的高低，解决问题的难度、复杂度、熟练程度和领域。

③从角色定义导出任职资格标准。任职资格标准的开发要解决的问题是要达到在角色定义中"能做什么、需要做到什么程度"的要求，任职者应当具备哪些能力？需要有哪些专业经历？其基本步骤包括：第一，仔细阅读工作说明书，收集与职务有关信息；第二，根据角色定义，每个角色确定 3～5 个的标杆人物；第三，深度访谈标杆人物，收集要达到角色定义中的要求所必备的能力和专业经历；第四，综合、分析、校验、修改同一专业不同级别标杆人物的访谈信息，做到"去伪存真、去粗取精、由表及里、由此及彼"，分模块撰写能力和专业经历要求。

第二种思路是将组织所需的每一项能力视为一个独立的部分，对每个部分设置能力等级及与之相对应的衡量标准，然后再根据这些标准来衡量员工的能力。

以某企业为例，对应于组织经营管理的各个环节，将企业的所有职位分成若干职系，如通常划分为管理类、技术类、专业类、行政类。每一职系又包括若干职种，如专业类包括财务、人力资源、计划、采购等职种。最后将每一职种分为高级、中级、初级。每一职级分为三个职等，职等则与薪等（工资等级）一一对应。如初级只需员工具备基本的核心能力、关键能力和业务能力，工作相当熟练，并能把知识、技术原理应用到工作中；中级要求员工具备核心专长和技能，工作相当熟练，并能把知识、技术原理应用到工作中；高级要求员工具备完全可以胜任该职位工作的核心能力、关键能力和业务能力，能分析和解决工作中的问题。由此形成组织内职系—职种—职级—职等（薪等）的逻辑关系。

对于每一能力，我们还要确定这些能力可以由哪些品质、特性和行为组合表现出来，即具备何种品质、特性以及行为的员工最有可能是绩效优秀者。在这一步骤上，企业需要通过观察和直接询问绩效优异者是如何完成工作或解决问题的，来确定优秀绩效者的行为特征有哪些，或者说哪些行为表明员工具备某种能力。

（三）能力定价

对能力进行定价，就是要确定员工能够根据其具备的各项能力的特点获得多少薪酬。能力定价的最基本的方法有以下两种。

1. 市场定价的方法

这种方法是对每一项能力在劳动力市场上进行薪酬调查，根据薪酬调查的结果来确定能力在本企业应该获得的薪酬。由于能力薪酬目前是一种新兴的薪酬模式，国内企业采用能力薪酬的很少，所以市场定价的方法适用性较差。

2. 与绩效相关的方法

这种方法是根据每项能力与工作绩效的相关性来确定每项素质的价格，与工作绩效的相关性越高，该项能力的价格也就越高。在对每项能力进行定价的基础上，我们也需要将每项能力的价格分解到它对应的等级上，从而决定员工通过具备某项能力的具体等级要求而获得相应的薪酬。

（四）能力评价

能力评价是能力薪酬体系设计的关键一环，为的是将能力与薪酬结合起来。由于能力具有一般性，相对来说更抽象，这就决定了能力评价的原则是可操作、可测量的。因此，能力所包含的四个方面是完全可以评价的，而且必须保证评价是有效度和有信度的。

在企业中，一位新员工的能力可以在招聘中加以测评，如符合企业要求，即为试用员工。当新员工通过试用期，则需要进行第一次能力评价，以确定员工的职等和薪等。以后每次定期的能力评价都成为员工能力等级晋升的依据。如没有通过能力评价，则需确定教育或培训及其他相应的能力开发计划。此计划完成，再次进行能力评价，如此多次循环。

能力评价的具体办法包括以下几方面：

①专业知识评价：实行学分制，员工要申请某一任职资格等级，必须首先要达到该等级的知识考核学分的要求。

②专业经验与成果评价：企业根据能力标准要求，制定专业经验与成果评价细则，由员工本人提供经验与成果方面的资料，由专家小组进行集体鉴定。

③专业技能评价：企业根据技能标准要求，制定专业技能评价细则，由员工本人提供技能方面的资料，由专家小组进行集体鉴定。

④行为评价：企业可将行为评价与绩效管理结合起来，由员工的直接主管评价，评价结果作为任职资格等级调整的依据之一。为进行以上评价，企业需组建由高级主管、业务专家和外部专家组成的任职资格评价组，最好是每一职系建立一个这样的评价小组。

(五) 能力薪酬体系的确立

目前能力薪酬体系通常与宽带薪酬结合起来，即将每一职级确定为一个宽带薪酬带。因此企业内有高级、中级和初级薪酬带，每一薪酬带都包括所有职系。在设计时，也要注意三个问题的处理，即分等、确定每等对应的薪酬区间、确定相邻等之间的交叉。通常情况下，企业中每一职系都有不同的平均工资率，最低一级工资水平要等同于市场上类似职位的整体平均水平。由此可知，即使实行能力薪酬体系，也不能完全脱离职位薪酬的确定模式，即评价职位先按市场价格确定其薪酬水平，再按某种方式进行排序。

一位新员工可能在任何一个职系工作，但通常都要从初级开始。一段时间后,一旦证明其能够达到更高一级的能力水平,他的薪酬也会相应提高一个职等。同时,企业应该鼓励员工不断地从一个职系流动到另一个职系,但前提是必须达到该职系的相应能力水平。

五、实施能力薪酬体系面临的问题和难点

(一) 能力的认证问题

确定员工的能力等级是能力薪酬实施的核心问题。但是企业根据自身的情况,建立自己的能力评价体系存在着很大困难。这个过程至少包括三个方面的内容,一是能力评价的机构,二是能力评价的要素,三是能力评价的等级。这个过程是很复杂的。能力评价的机构可由企业自身的专业人员和外部聘请的专家共同组成。评价要素的确定则要结合企业的实际情况,突出本企业的特点,保证这些要素与企业的业务相关。评价的等级不宜过多也不宜过少,过多的等级对能力的区分度不够,过少对员工的激励性又不够;一般来说能力等级设定为4~6个比较合适。

(二) 能力的利用问题

能力薪酬面临的一个最大现实问题是,如何有效地利用员工所掌握的知识技能。因为知识、技能和业绩之间并没有必然的因果关系,所以企业在推行能力薪酬制时,必须要解决好这个问题,否则就会造成人力成本大量增加而企业得到的回报却很少。要解决这一问题,一是企业必须结合自身的实际需要确定能力评价要素。二是企业要及时对员工的工作进行重新设计。随着员工所掌握的知识和技能的增加,重新设计其担任的工作,如让其工作丰富化和扩大化等。三是用业绩考核来调整员工的收入,能力薪酬只是基本薪酬,此外还有一部分报酬是基于业绩的。

(三) 能力的培训问题

实行能力薪酬后,企业对培训的需求必然增大,企业在培训方面投入的成本也会随之增多。要解决这一问题,可以让企业和员工共同承担培训费用。

(四) 能力评价体系的更新问题

企业要不断更新和丰富能力评价的要素和要求,并对员工的能力等级定期进行重新评价。这种做法,一方面可以保证能力评价体系适应企业发展的需要,另一方面可以促使员工持续不断地进行学习。

(五) 与职位和绩效有机结合的问题

大多数企业在进行薪酬决策时,除了考虑员工的能力外,仍需考虑职位的数量、内容、目标完成情况等因素。因此即便使用能力薪酬体系,也不要完全依赖能力,要将能力与职位、绩效融合,并针对不同的企业和不同的环境而有所侧重。

第四章　不同职位人员的绩效考核设计

第一节　销售人员的绩效考核设计

众所周知，企业的销售收入最终要由销售部门（人员）来实现。成功的销售工作既需要数量合适的销售人员，更需要这些人员具有踏实、认真、勤劳的态度和过硬的工作能力。企业经营者努力不懈地去研究及了解顾客的需求和欲望，生产出符合消费者需求的产品，建立了自己的分销渠道和设计了包装及全盘的物流系统，但如果没有销售人员，产品就销售不出去，就会前功尽弃。销售是企业经营中的最后一个环节，也是决定企业经营成败的关键。因此对销售人员进行绩效考核是十分必要的。

一、销售人员的素质要求

每种销售工作皆应有工作说明及工作规范。前者说明完成该项工作所需的条件，后者则表明完成该项工作的工作人员所需具备的资格。工作规范是根据工作性质及以往工作经验的要求来制订的。销售人员能否完成任务与其个人特性、教育程度以及态度能力有关，而且不同性质的推销对象对推销人员的要求是不一样的。

(一) 销售工作对个人特性的要求

销售人员要完成数项任务，需要有多方面的个性特征。

1. 真诚

真诚是销售人员的最基本的素质，缺乏真诚，销售人员就难以取得客户的信任，或者只能暂时骗得客户的信任，最终还是会失信于人。

2. 忠实

忠实是对企业的忠诚感，把自己的销售工作当作对企业的一种责任。以销售之名，行谋取私利之实，永远不会成为一名成功的销售人员。

3. 机敏

销售过程中，机遇无所不在，同时变数也很多，所以销售人员必须具备面对复杂的情况，能够迅速做出判断并及时采取对策的能力。

4. 创造力

销售是一种技巧，是一种艺术，这些技巧和艺术更多来源于个人的独创。

5. 博学

只有虚心好学，处处留心，事事留意，才能具备广博的知识和健全的知识结构。

6. 热情

热情是对本职工作充满热情，坦诚友善，积极乐观。

7. 礼貌

以礼待人，是创造良好的人际关系的基础。无疑，彬彬有礼，具有绅士风度的销售人员会给客户留下更深刻的印象。

8. 勇气

成功的销售人员能保持必胜的信念，不畏惧困难，在陷入困境时能保持乐观和自信。

9. 进取心

销售人员应对自己所取得的成绩永不满足，时刻以高标准激励自己，不陶醉于已取得的点滴成绩。

10. 勤奋

一分耕耘，一分收获。在销售过程中付出比别人更多的努力，就会取得更大的回报。

(二) 销售人员的态度能力要求

日本研究人员曾对销售人员做实绩追踪研究，发现业务人员业绩的好坏与其态度能力具有极大的相关性。所谓态度能力是指除人类基本思考能力、创造力及技术能力以外的能力。其测评指标如表4-1所示。一般来说，业绩潜力或实力高者在表中14项指标的评价几乎都比潜力低或业绩差的人要强得多，尤其是积极性、自我信赖性、领导性、活跃性及自主性，前者都比后者强得多；另外协调性、持久性、责任感、思考性、感情稳定性、顺从性，前者也比后者强；只有慎重性及规律性前者比后者稍弱一点。

表4-1 业绩潜力评价表

项目	特征意义
积极性	面临新事物、难题时能够积极地加以处理
协调性	为加强团体默契，提高士气，不以自我为中心，能与人合作
慎重性	有计划地进行工作，思虑深远，态度沉着
责任感	认识自己在团体中所扮演的角色，表里如一，热诚地完成任务
自我信赖性	在人群中不胆怯，能保持自信以应付工作
领导性	能领导别人，影响别人，令人相随，待人不消极，不屈从
共感性	能体谅他人心情，且在心意上和对方契合
活跃性	有充沛的体力，积极活泼地热衷于工作
持久性	有持续努力的倾向，不半途而废，有骨气及韧性
思考性	对事能深思熟虑
规律性	成熟，能遵循社会规范、职业道德和伦理准则
感情稳定性	心情豁达，处世冷静，不立即把喜怒哀乐显露于言表
顺从性	能以谦虚的态度赞扬和接纳优越者、权威者
自主性	能独立地判断，有计划地处理工作

(三) 销售人员的勤务素质要求

对销售人员的勤务素质要求：

①遵守时间，不迟到，不早退；

②外出联系业务时，要按规定手续提出申请说明拜访单位、目的、外出时间以及联系方式；

③外出没有他人监督时，必须严格要求自己，自觉遵守企业的规章制度；

④外出时，不能假公济私，公款私用；

⑤外出使用本单位的商品或物品时，必须说明使用目的和使用理由，并办理借用或使用手续；

⑥单位与客户达成的意向或协议，销售人员无权擅自更改，特殊情况的处理必须征得有关部门的同意；

⑦外出时，应节约交通、通信和住宿的费用。

(四) 业务素质要求

1. 普遍的业务素质要求

企业对销售人员的业务素质考核要求不仅注重"工作的成果"，也讲求"努力的程度"，两者的结合才能进行公平的评估。一般的业绩评估要求重点包括业务的达成度、工作的质量、研究性等，见表4-2所示。

表4-2 业务素质要求要素及重点

评定项目	重点
业务达成度	是否以公司的经营方针为准则，依照计划目标将业务完成，而其成果的质和量是否达到要求的水准
工作质	业务处理的过程或其成果是否均属正确，是否可以信赖
工作量	规定期间内的业务处理量或数额是否达成基准或计划内要求的水准，工作的速度或时效的把握情形如何
研究性	是否为了执行业务而经常积累有关的调查研究，并将研究成果运用在业务上
理解·判断力	是否正确掌握问题，而作适时贴切的判断，以达到目的
企划·计划	是否为了达成目标而从理论和实际两方面做密切的分析和综合研究，并将与业务有关的事项子以创造并有效地企划或计划
领导·统御力	是否为了提高部下的知识、技能而作适当训练、指导或启发，并与部下沟通以建立互信及协力的关系，从而领导组织，提高效率
折中力	是否为达成目标而与公司的有关人员进行圆满的沟通协调

2. 不同性质销售工作的素质要求

最典型的销售人员都要按其从事的职务分为四类：

①巡回协助推销员：循固定客户路线协助促销，如厂家代表。

②技术性推销员：能提供高级技术专门服务，如电脑、复印机业务代表。

③同业推销员：为上、下游厂商客户的服务的代表，如经销商、批发商的业务代表。

④新业务推销员：不确定地寻找产品的使用者，如图书、房地产的业务代表。

不同性质的销售工作，对选用人才的标准是不一样的。在挑选销售人才之前，销售主管必须就工作性质设定选用人才的标准，如果说无标准，录用的人不合工作的需要，就会造成销售人员高流动率、挫折感、不满感或缺乏挑战等管理上的问题，如表4-3所示。

表4-3 不同性质的销售工作的人才标准

工作职务	经历	客户关系	技术本领	工作压力及挑战	年资年纪
巡回协助	中等资历	密切	中等	稳定	小、体力强
技术性	中、高等教育	密切	专业训练技术	竞争性强	中等
同业	老成练达	能建交情	不重要	轻、固定性	大
新业务	成熟、有个性	未必密切	有勤劳性及说服力	高、受拒绝挫折性大	不限定

二、适合的考核方式——目标考核

销售人员的绩效考核可以采取目标考核的方式，按照公司的年度销售目标，把目标分解到具体产品或区域，然后分解到具体的业务人员，在分配目标的同时，必须进行资源分配，否则可能导致成本上升、业绩下降。设定具体目标时，必须和公司总目标、价值观一致。如一些公司以销售额为主，一些公司以毛利额为主，对于经营困难的公司则应以利润为主。目标可以是绝对指标，也可以是相对增长指标，关键看公司的发展阶段和竞争、发展的需要。成熟公司比较多地采用绝对指标，成长迅速的公司建议采用增长指标。

××公司对分公司经理的考核指标包括主指标和辅助指标，其中主指标有：①回笼（销售回笼完成率），在考核中占40%的比重；②开单完成率，占30%。辅助指标包括：①网点达标率，占10%的比重；②网络开发，占10%；③应收账款管理，占10%。同时设"雷区激励"，对完成不好的工作扣分，库存管理扣5分，投诉累计扣5分，曝光累计扣5分，日常管理累计扣5分。对于分公司的销售人员还有分销、业务往来、价格管理等指标。

考核的难点除了考核指标的设定以外，最难做到的是"缺少考核信息"，无法评价指标完成情况，因此必须建立高效率的管理信息系统。每周一次或每月一次的销售工作计划报告，可以让销售主管了解业务员的工作动向，并比较各个业务员的计划与范围。当然还有销售日报、月度总结、书面报告，可以让上级掌握业务员销售计划的完成情况和工作进展。同时，客户与消费者的调查了解也是必不可少的，从他们那里得到服务满意度的信息资料，特别是日常的客户投诉，可能比一年一度的正式评估反馈意见更能说明顾客的真实意见。

三、目标销售量和考核方法的标准问题

目标销售量和考核方法的标准有以下几个要考虑的问题。

①销售量，是企业考核销售人员的主要标准。目标销售量的制定是否正确、合理，这是首先要解决的问题。是按人口、人均消费、人均收入制定，还是按去年的销量加上平均增长率制定？比如按照人均消费来定目标销量，那么人口统计数是否准确？该区域人口是否大量外出？是否有大量外来流动人口等。

②是按简单的目标销量考核，还是制定综合考评标准？

③最后考核是按事先标准，还是按事后标准？

实践证明，每种方法都有其局限性和不完善的一面，企业要根据自身的具体情况制定尽可能科学、准确、公平、合理的绩效考核标准。

企业一般采用"3∶7"绩效考核法，即综合考核占30%，销量考核占70%。综合考核包括公司规范、运作方法、市场占有率、销售增长率等，按事先客观标准基层考核评估占70%，领导事后评估占30%。销量考核，按事先标准考核占70%，根据事后考核调整占30%。事后调整包括因特殊事件影响销量、客观困难、含水销量、公司产品或政策影响等。

通常，绩效考核的结果是通过奖金多少来体现的，最好是将激励与绩效考核结果结合使用。虽然通过了30%的综合考评，又通过两个30%的事后评估调整，既可以激励销量，又可以避免一些不合理的偶然因素，尽量体现多劳多得，但还会有一些劳苦功高、有才华的人，虽然付出了很多，但是因市场属于开发期、衰退期或目标销量制定的不合理，使他们的付出与回报不成正比，从而有失公正，影响了某些职员工作的积极性。如果在绩效奖金之外再设一些，如增长奖、开拓

奖、网络建设奖、市场秩序奖等单项奖，效果就明显好多了。

考核标准一旦定下来就不能改变，这是一个误区。科学的考核标准应该是动态的。下面简单介绍一下 PDCA 计划循环法在绩效考核中的运用。PDCA 是四个英语单词的缩写，Plan（计划），Do（执行），Check（检查），Action（处理）。计划是事先制定的销售目标；销售目标计划的执行是销售人员的核心工作；管理者要对计划的实施执行及时检查（实时监控）；在计划实施中发现问题时要及时纠正、调整。根据具体情况（特定的市场、时势和人员），企业应将调整后更加科学、准确、合时宜的计划和考核标准作为新一轮的计划，在循环中不断提高。这种方法的各个环节相互联系，首尾衔接，不断循环，将企业的销售计划和绩效考核有机地联系起来，相互促进，协调发展。

销售目标计划和绩效考核标准应该是动态的，而不是一成不变的。一个好的绩效考核思想和方案应该是销售目标计划、销售全程管理工作中的一个有机的组成部分。绩效考核是销售全程管理工作中从始至终的能量供给剂。绩效考核应该是系统的，而不是孤立的，从方案制定到实施执行、信息反馈、监督控制、处理调整，它参与了销售管理工作的全过程。科学的绩效考核有助于企业销售目标的实现。

四、重视过程控制

绩效的考核和评估，一般来说是硬性的指标，只看结果，不管过程。科学的绩效考核应该是重视过程控制的，只有好的过程才能产生好结果，因为结果往往是不易改变的，而过程是否正确、得当，则可以即时改进。根据"3∶7"考核原理，在30%的综合考核中，应该建立阶段性的实施报告，以便于领导及时监控、指导。比如，一个促销方案、一个阶段的工作计划和总结、一个时期的政策执行情况、对区域网络的调整等，思路是否正确，方法是否得当，上一级主管都可以及时给予指导、纠正。尽管市场是千变万化的，但也有其规律性，已形成规范的若按程序操作就会减小失误，所以过程实施、程序执行是否到位，应该作为绩效考核的一个主要内容之一。还有，30%的事后评估调整也很重要，有些业务员确实付出了努力，因事先标准的失误或客观因素的影响导致硬性指标不能完成，应给予合理的调整。

"3∶7"绩效考核法的实施，与其他方法一样关键在于中层干部的意识和素质，还需要有一批基层督察人员（专职或兼职）。要做好整个销售目标实施过程中的监控、调整，并准确、客观地将整个过程记录下来。"3∶7"绩效考核法不一定适合每一个企业，但其核心的内容在于互动性和合理性。

绩效考核是否得当、合理、公平、公正，会直接影响销售人员的积极性。

态度是决定行为结果的关键因素，销售人员的积极性对企业的效益会产生直接而又重大的影响。因此企业的决策者和管理者必须把握好绩效考核的互动性特征，运用理性的科学方法进行绩效考核。

五、考核指标的制定

只用销售量来考核销售人员的业绩是非常狭隘的，对销售的长远发展有很大的负面作用。就像政府考核官员的政绩一样，如果只看GDP增长速度这一个指标，必然会带来一系列问题。

业绩考核标准具有导向作用，需要认真研究考虑，制定一个对组织发展最有利的系统、全面、科学、合理的考核制度，无论对于政府还是对于企业都是非常重要的。一般来说，企业对销售人员的考核应该分为定量和定性两部分来定期考核。

不管是定量还是定性考核，首先主管人员要明确考核资料的来源，只有这样，才可能有一个较为准确完善的考核依据。

资料的来源通常有多种途径。最重要的是销售人员的工作报告书，其他是通过人的观察、企业的销售记录、顾客的投诉和其他销售人员的谈话等来源得到。

（一）销售人员的工作报告书

报告书的种类极多，通常可分为两类：一类是计划报告书；一类是完成工作的报告书。计划报告书是销售人员对未来工作提出的计划，其中包括区域的销售计划。已完成的报告书则是提供销售活动的成果。

销售人员呈交的报告非常丰富，但往往销售人员抱怨他们花费太多时间用于填写报告，而他们的报告最后竟没人阅读。因此管理者要针对报告书的用途简化报告，减少回报时间。

(二) 企业销售记录

企业内有关记录，如顾客记录、区域的销售记录、销售费用的支出等都是提供评估的宝贵资料。

(三) 企业内职员的意见

这一资料的来源，要来自销售经理或其他有关人员的意见。当然，销售人员的意见亦可作参考。这种资料的优点在于能补救公司档案和销售人员报告书提供资料的不足，因为这些数量性的资料无法提供有关销售人员的合作态度和领导才干的资料。

定量考核包括考核销售人员的销售结果，如销售额 (这是最常用的指标)、回款额、利润额、市场占有率 (特别是区域性销售人员在该销售区域与竞争对手相比之下的市场占有率，是表明该区域销售成绩的重要标准) 和客户数，还要考核销售人员的销售行动，如推销员每天平均拜访次数、每次访问所用时间 (这是为了考核销售人员工作的努力程度，"苦劳" 是为了持续发展能力，提升竞争力，虽不会直接表现在近期的目标中，但也需要重点控制。一般采取报告制度、考核执行情况等方式，前提是已经由制度做出了明确的规定)、访问的成功率、每天销售访问的平均收入 (衡量销售人员的工作效率)、每百次访问平均得到的订单数 (与每工作日平均订单数结合起来考虑)、销售费用与费用率 (衡量每次访问的成本及直接销售费用与销售额的比率，如果销售价格偏低，而交际费、礼品费、交通费及其他推销杂项费用偏高，则说明销售量的含金量不高)、一定时间内开发的新客户数 (这是销售人员对企业的特别贡献)、一定时间内失去的老客户数、客户满意度 (衡量销售人员为客户服务的情况，企业只有拥有对其满意的顾客，才会有源源不断的业绩)。

企业需要定期请客户评价销售人员的服务绩效，如产品知识、服务建议、技术指导、送货及时性等，对销售人员进行定性考核，如考核业务员的团队合作精神、工作热情、创新能力、学习精神、对企业的忠诚责任感等，还要考核销售人员作业是否规范。公司在物流、资金流、信息流上都要有明确的流程、规定，要有相应的检查系统、反应流程和规定的执行情况。

对销售人员进行考核，一方面是决定销售人员报酬、奖惩、淘汰与升迁的重要依据，从而调动业务员的积极性；另一方面对销售人员的业绩进行检讨和分析，可以帮助他们进步。销售管理的一个重要内容就是培养销售人员的销售能力，销售人员不进步，就不会提高销售业绩。

企业需要重视销售人员的激励机制与考核机制。销售人员的目标是使自己的销售业绩最佳，无论这种业绩是如何衡量的。如果他们的绩效是以取得的销售数量来衡量和付酬的，那他们会只注重于销量，而不管商品对顾客的价值和老板的利润。目前企业都很重视对销售额的考核，但对于获利的考核却重视不够。我们经常可以看到销售部门的人员努力劝说公司负责价格制定的人员把价格降低，并提供很多似是而非的市场情报，如"竞争对手都降价了，我们如果不跟上就卖不动了"。其实促销手段很多，并不是只有价格战一个办法。但对于销售人员来说，这是最省力的途径，带来销售额上升可以直接给自己带来经济上的好处。他们没有站在公司的角度上考虑问题，价格降到一定程度几乎是"赔本赚吆喝"，卖得越多赔得越多。

推动销售人员销售价值的关键是根据销售利润而不是销售数量来评价销售人员的业绩，并付给他们报酬。结合销售时的价格、费用、折让、收款期、坏账率，总体考核"销售人员的获利率"。这种报酬机制关键在于计算赢利因子。

为了鼓励销售人员为公司做出最大贡献，销售业绩应该乘以赢利因子。这使得销售成绩与公司利润保持同样比例的变动关系。贡献毛益率最大的好处是可以对不同区域、不同产品进行比较。比如一个产品的贡献毛益率为40%，另一个为20%，如果企业目标是利润最大的话，同样的销售收入，哪个产品为好，应该多推哪一个少推哪一个，就容易做判断了。王牌销售员的时间也是有效资源，多推哪一个，少推哪一个，目标先定清楚，要销售收入还是要利润，或者是一个组合。

对于一个规模比较大的企业来说，需要建立 ERP（企业资源计划）系统，利用该系统得到的数据，很容易求出赢利因子。

第二节　采购人员的绩效考核设计

如今的采购管理已完全不同于计划经济时期的采购管理。经济迅速发展，商品开始呈现极其丰富的局面。目前我国从生产资料到消费资料，大多数商品已属于供大于求的买方市场，这使得销售人员与采购人员的地位完全倒了过来，销售成了最辛苦的工作，采购人员则由"孙子"变成了"爷爷"，他们几乎用不着去四处奔波，就有人送货上门甚至送礼到家，他们手里的"钱"使他们成了新的"特权"人物。因此也出现了吃回扣、拿好处费等现象。

如果说过去的采购人员是最有"能"的一批人的话，现在的采购人员却必须是最有"德"的一批人了。因为，卖方市场时掌握卖权的人容易走歪路，买方市场时掌握买权的人容易出问题。但是，很长一个时期以来，采购管理并没有得到足够的重视。在企业界和管理学界，人们谈论得最多的是市场营销管理，而不是采购管理。在以往的管理学文献中，涉及采购管理的内容很少，不外乎库存管理、ABC 管理法、物流管理等几项内容，只是在最近，才开始增加了包括在 MRP（物资需求计划）、MRP Ⅱ 或 ERP 中的供应链管理等内容。

采购管理是传统管理学长期以来所忽视的一项重要职能。别看企业中销售部门热热闹闹，而采购部门却悄无声息，但企业内的肥水和漏洞大部分集中在这里，企业巨大的潜力也集中在这里。企业内部的采购人员支配着占总成本 60%～80% 的采购费用（对于制造类企业来说），他们的绩效提高 10%（成本降低 10%），往往意味着企业的绩效提高 6%～8%，利润增加这么多，通过管理压缩的空间是很大的，对比一下，生产制造环节改善管理增加 1% 的利润就不错了，我们就会知道忽视采购绩效管理是多么大的错误。

一、以"5适"为中心的考核指标

采购人员在其工作职责上,应该达到"适时、适量、适质、适价及适地"的目标,因此,其绩效评估应以"5适"为中心,并以数量化的指标作为衡量绩效的尺度。具体可以把采购部门及其人员的考核指标划分为以下5大类。

(一) 质量绩效

采购的质量绩效可由验收记录及生产记录来判断。验收记录指供应商交货时,为公司所接受(或拒收)的采购项目数量或百分比;生产记录是指交货后,在生产过程发现质量不合格的项目数量或百分比。

进料验收指标 = 合格(或拒收)数量 ÷ 检验数量

在制品验收指标 = 可用(或拒收)数量 ÷ 使用数量

若以进料质量控制抽样检验的方式,则在制品质量控制发现质量不良的比率,将比进料质量控制采用全数检验的方式高。拒收或拒用比率愈高,显示采购人员的质量绩效愈差,因为未能找到理想的供应商。

(二) 数量绩效

当采购人员为争取数量折扣,以达到降低价格的目的时,却可能导致存货过多,甚至发生呆料、废料的情况。

1. 储存费用指标

现有存货利息及保管费用与正常存货水准利息及保管费用的差额。

2. 呆料、废料处理损失指标

处理呆料、废料的收入与其取得成本的差额。

存货积压的利息及保管的费用愈大,呆料、废料处理的损失愈高,显示采购人员的数量绩效愈差。不过此项数量绩效有时受到公司营业状况、物料管理绩效、生产技术变更或投机采购的影响,并不一定完全归咎于采购人员。

(三) 时间绩效

时间绩效用以衡量采购人员处理订单的效率,以及控制供应商的交货时间。延迟交货,有可能形成缺货现象,但是提早交货,也可能导致买方不必要的存货成本或提前付款的利息费用。

1. 紧急采购费用指标

紧急运输方式（如空运）的费用与正常运输方式的差额。

2. 停工断料损失指标

停工期间作业人员的薪资损失。

除了前述指标所显示的直接费用或损失外，还有许多间接损失。例如，经常停工断料，造成顾客订单流失，员工离职，以及恢复正常作业的机器必须做的各项调整（包括温度、压力等）。紧急采购会使购入的价格偏高，质量欠佳，连带也会产生赶工时间必须支付额外的加班费用。这些费用与损失，通常都没有加以估算在此项指标内。

（四）价格绩效

价格绩效是企业最重视及最常见的衡量标准。透过价格指标，可以衡量采购人员的议价能力以及供需双方势力的消长情形。

采购价差的指标，一般有以下几种。

①实际价格与标准成本的差额。

②实际价格与过去移动平均价格的差额。

③比较使用时的价格与采购时的价格之间的差额。

④将当期采购价格与基期采购价格的比率与当期物价指数与基期物价指数的比率相互比较。

（五）采购效率（活动）指标

以上质量、数量、时间及价格绩效是就采购人员的工作效果来衡量的，另外也可就采购效率来衡量。采购效率指标包括以下几个方面。

①采购金额。

②采购金额占销售收入的百分比。

③订购单的件数。

④采购人员人数。

⑤采购部门的费用。

⑥新供应商开发个数。

⑦采购完成率。

⑧错误采购次数。

⑨订单处理的时间。

鉴于采购活动水准上升或下降，我们不难了解采购人员工作的压力和能力，这对于改善或调整采购部门的组织和人员的工作，将有很大的参考价值。

二、全面考虑评估标准

(一) 以往绩效

选择公司以往绩效作为评估目前绩效的基础是相当有效的做法。但公司的采购部门，无论组织、职责或人员等，均应在没有重大变动的情况下，才适合使用此项标准。

(二) 预算或标准绩效

若过去的绩效难以取得或采购业务变化很大，则可用预算或标准绩效作为衡量基础。

标准绩效的设定，有以下三个原则：

①固定的标准。标准一旦建立，则不再变动。

②理想的标准。指在完美的工作条件下应有的绩效。

③可达成的标准。在现状下，应该可以做到的水平，通常依据当前的绩效加以考量设定。

(三) 同行业平均绩效

若其他同行业公司在采购组织、职责和人员等方面均与本公司相似，则可与其绩效进行比较，以辨别彼此在采购工作成效上的优劣。若个别公司的绩效资料不可得，则可用整个同业绩效的平均水准来比较。

(四) 目标绩效

预算或标准绩效是代表目前应该可以达成的工作绩效，而目标绩效是目前除非经过一番特别努力，否则无法完成的较高境界。目标绩效代表公司管理层对员工追求最佳绩效的期望值。这一目标绩效，常以同业最佳绩效水准为标尺。

三、定期与不定期的评估方式

采购人员工作绩效的评估方式，可分为定期方式和不定期方式两种。

(一) 定期方式

定期的方式是以员工的表现，如工作态度、学习能力、协调精神和忠诚程度为考核内容的，对采购人员的激励及工作绩效的提升并无太大作用。若能以目标管理的方式，即从各项工作绩效指标中，将年度重要性比较高的项目确定为目标，年终按实际达成程度加以考核，则能提升个人或部门的采购绩效，并且采用对事不对人为考核原则，比较客观公正。

(二) 不定期方式

不定期的绩效评估，常以专案方式进行。例如，公司要求某项特定产品的采购成本降低10%。当设定限期一到，评估实际的成果是否高于或低于10%，并以此给予采购人员适当的奖惩。这种评估方式对采购人员的士气有相当大的鼓舞作用，特别适用于新产品的开发计划、资本支出预算和成本降低专案项目。

四、主要的评估人员

(一) 采购部门主管

采购主管负责评估，注意采购人员的个别表现，并兼收监督与训练的效果。

(二) 会计部门和财务部门

采购金额占公司总支出的比例很高，采购成本对公司的利润影响很大，会计和财务部门不但掌握公司产销成本数据，对资金的取得与付出亦作全盘控制，故会计和财务部门可以参与对采购部门工作绩效的评估。

(三) 工程部门或生产控制部门

若采购项目的质量与数量对企业的最终产出影响很大，有时可以由工程或生产控制人员评估采购部门的绩效。

(四) 供应商

公司通过正式或非正式渠道，向供应商探询其对采购部门或人员的意见，以间接了解采购作业的绩效和采购人员的素质。

(五)外界的专家或管理顾问

为避免公司各部门之间的本位主义或门户之见,可以特别聘请外界的采购专家或管理顾问,针对全盘的采购制度、组织、人员及工作绩效,作客观的分析与建议。

第三节 行政人员的绩效考核设计

公司的员工考核办法是与绩效工资挂钩的,也就是说,绩效考核的主要目的是为绩效工资提供依据。如果是这样的话,那么一个核心主题是,行政管理人员与销售、生产等人员相比,其工作性质、产出特点、产出周期等均有很大差异,因而其绩效工资以及考核办法均需另类处理。除主持全局工作的中高层领导外,行政管理人员的工作流程基本上属于公司核心业务流程以外的辅助流程,其工作主要属支持、服务性质,其产出特点有均匀性、稳定性、间接性。行政人员每月工作内容很相似,按基本的作业程序操作,工作成果难以量化,对公司贡献的影响很间接。

企业中业务人员可考查其业绩,然而企业中一些非业务部门,比如行政部门,甚至业务部门中的有些非业务人员,他们的业绩如何考核?

一、业绩量化

业绩并不只是那些可以用经济指标衡量的业务实绩,而是包括企业中所有岗位上的工作人员所取得的工作进展或完成业务的情况,其中有些业绩是无法用经济指标来衡量的。那么,如何考核这些无法直接用经济指标来衡量的业绩呢?从实践来看,考核制度与计划管理的紧密结合,能够比较好地解决这个问题。

①计划管理以一定质量要求下的"工作量"和"进度量"为指标,把非业务人员的工作转换成可以用比较精确的数字来加以衡量的东西。这里的要素有三,即"一定质量要求下的""工作量""工作进度"。

②计划管理并不是一个单一的计划，而是有着多维精确刻度的一个计划体系和一个计划网络，它命名整个企业的工作，从长期、中期到短期，从整个公司、各个部门到每一个人，从生产经营到各方面工作，都成为可以把握、可以衡量的东西。

这样一来，实际上已经把非业务人员的"业务"考核"计划管理"与业务人员的业绩考核统一起来了。

但是每月量化考核行政管理人员，一定要小心跌入"量化陷阱"，大而全的量化，事后的量化，琐碎细节的量化。要有目标导向、成果导向与计划导向，要建立起员工行为与公司目标的正相关关系。例如，对人事负责人可以考核其"人才流失率"指标。同时，设计量化考核指标时，应注意以下原则，即易理解，被考核者有相当的控制能力，考核内容的资料来源可信且获取成本低，考核内容可衡量、可实施。

对确实找不到直接量化指标的岗位或人员，可以选择满意度调查、内部服务投诉次数、月度工作计划或任务考核等方式。

二、素质考核

(一) 素质考核必须体现积极的价值导向

通常的做法是，在员工素质考核表中罗列一大堆指标，往往有十项，其中有"劳动纪律""尊重同事""言谈举止""知识广度"等，内容包罗万象，但是毫无重点。对企业员工，包括业务和管理人员，应当根据各个岗位的不同要求作不同的考核，而且要突出抓住少数几个体现企业积极的价值导向的"关键指标"，不宜如此面面俱到。

(二) 素质考评的内容

在对企业管理人员的素质考评中，应当侧重考查其管理素质，即主要从其计划、组织、用人、指挥和控制等方面的能力来考查，其核心是协调能力，这是对干部的主要要求，这一能力居主干地位，分数应占最大比例。能否通过自己的创新能力而对企业经济效益、企业文化和社会形象做出较大贡献，是对管理者的最高的要求，这一能力处于顶峰地位，分数比例虽不大，但体现了公司的价值导向，是极为重要的。

此外，还应该根据公司领导（高层）、部门领导（中层）和主管（基层）三级分别作不同要求。比如，在对各层管理者上述三层素质的考查中，不但具体的要求应该不同，而且在三个层次中的侧重点和分数比例也应不同。再者，在对各层干部能力结构的要求中，侧重点应有所不同。

如果要对高层领导干部进行考核，就要特别注重其思想能力和协调能力，对中层干部则应强调其具体操作技能，而其思想能力、协调能力、技术能力则应大体均衡。从实践来看，对于高层，应是50：40：10；对于中层，应是30：40：30；对于基层，则是10：30：60。另外，在对干部的管理能力的考察中，高层干部的计划能力权重应占25%，组织能力应占20%，用人能力占30%，指挥能力占10%，控制能力占15%；中层干部的这个比例分配应该是20%、15%、20%、35%、10%；基层干部则是：15%、10%、15%、55%、5%。同时，对高层、中层、基层干部这五个方面管理能力所要求的具体内容也应不同。

对于普通员工，特别是对于业务人员的素质考评，则主要考查其工作素质和操作能力，兼顾对其管理潜力的考查，为其留下上升空间。

（三）行政主管的职业素质要求

1. 在地位上，行政主管是双重身份

就部门内部而言，行政主管是最高领导和首长；就领导集体而言，行政主管则是一个服务者。

2. 从行政主管的工作关系来看，行政主管充当着中介者和协调者的角色

在同一层次的职能部门中，行政主管有特殊的地位，他是连接上级领导与各职能部门间的中介者。各职能部门之间、人员之间在出现矛盾和冲突时，需要行政主管出面予以调解，及时地协调关系，保障企业正常运转。

简单地归纳行政主管的工作要求，可分为及时、准确、落实和保密四个部分。

①及时是指办事时间要短，工作不拖延，讲求效率。

②准确指掌握情况要准，处理事务要准确无误。

③落实指行政工作琐碎事情较多，必须协调安排好，确保工作的及时完成。

④保密是指行政部门日常接触的重要资料信息和机密文件比较多，不能忽视了保密工作。

3. 在实际工作中，行政主管的工作原则

①认真求实的原则。要求行政主管在工作中，协助决策办理事务时，坚持真理，认真落实。这就要求领导有敏锐的洞察力和客观的分析能力，避免凭经验办事。

②公私分明的原则。树立正确的工作态度和坚定的信念，不做有损集体的事。

③高效的原则。要求行政主管在保证质量的前提下，及时准确地完成工作计划。

④严守纪律的原则。行政管理工作是严格按照企业或部门的各项制度和纪律进行事务管理的，这些有关的制度是行政主管进行管理的依据。保守机密是其中的一项重要纪律。

三、素质考核和绩效考核的关系

素质考核与业绩考核要先分后合。在一些企业的现行考核制度中，业绩考核与素质考评分工不明，往往是将两者混在一起，结果造成许多混乱。

首先，有的企业每月都评一次业绩与素质，年终再来一次，不免形成重叠和冲突，到底是以每月的考核为准呢，还是以年底的考核为准？但不管选择以何者为准，都会使另一种考核成为多余行为。

其次，业绩本是客观的东西，只适合考核，但有的企业却将其交付考评，结果使得本来可以客观准确衡量的东西变成众说纷纭的东西了。

再次，业绩应该是短线考查项目，"一月事一月毕"，年终再来笼统考查一次，有不少弊病。干部员工每月的工作情况事过境迁，工作表现逐月不同，到年底笼统打分，在很大程度上取决于打分者当时的主观印象；如果中途发生主管人变更，年终的评分就很容易脱离干部员工一年来的工作实际；干部员工每月的得分与年终的得分容易发生冲突，同时，评分者也很为难，年终重新给下属打一次分呢，还是按照各月的平均分打分？按照前者，就使每月的评分受到了否定，按照后者，则使年终评分成为毫无意义的多余行为。而"素质"本就是长线考查项目，往往要数月甚至数年才能做出评判，我们却把它放到每月去考查，让人如何能说得清楚？

最后，业绩考核与素质考评混于一处，也使被考核者无法了解自己得分、失分于何处，从而不利其改进工作、改正缺点。

业绩是短线考查项目，素质是长线考查项目，应该明确分工、先分后合，应当每月查业绩，年终评素质，最后综合形成干部员工的全年得分。

还有一种往往存在于实际操作中的情况是，当下属完成甚至超额完成了工作任务后，主管进行业绩评分时又加进对下属综合素质或主观印象的评议，挑出员工非业绩方面实际存在或想象中的缺点扣分，使下属有苦难言，这就要求我们不仅要在考核制度中将业绩考核与素质考核严格分开，而且要求所有主管和领导在具体评议时将被考核者的"做事"与"为人"两者严格分开，避免使被评议者遭受不公正待遇，积极性遭到挫伤。

四、行政人员的考核方向

对行政人员的考核一般通过以下几个途径来进行。

(一) 市场

行政部门的核心能力在于专业化，也就是说能不能以精简的专业队伍提供包括咨询在内的一流服务，而市场是检验和衡量一家公司行政部门的专业水平的最终标准。譬如说，人力资源部可以与国际商业机器公司（IBM）等国际跨国公司或联想等国内领先企业的人力资源机构比较一下。

(二) 公司

任何部门存在的价值和理由，是对公司的生存与发展具有贡献。公司价值创造的核心环节包括研发、制造、销售和安装服务等，相对应的业务部门担负明确的增值责任，其贡献清晰可见。辅助流程为核心流程运行提供必需的资源支持，与此对应的行政部门的贡献即体现在资源提供能力和表现（数量、质量等）上。

(三) 业务部门

行政部门直接支持并间接通过业务部门的运作实现其价值，因此业务部门最有资格和权力来评价行政部门的贡献。譬如，人力资源部是不是为各类业务人员组织了有效的培训？是不是及时招聘甄选到合适的业务人员？是不是设计了合理的绩效管理制度并指导业务部门实施？

(四) 员工

行政部门的支持性功能一般还包括建设和优化公司的软硬环境，如企业文化、组织气氛、工作条件、生活环境等。通过环境因素正向引导员工的态度和行为，达到改进和提升业务绩效和公司贡献的目的。可见，员工对行政部门的评价（员工满意度等）很有意义。

让员工满意、业务部门满意和公司满意，同时以市场为标准不断提高专业化水准，这是每一家公司的行政部门的立身之本。

第五章　不同职位的薪酬体系设计

第一节　基层管理人员的薪酬体系设计

一、基层管理人员的工作特点

管理人员是企业中从事管理工作的那部分员工，按职位高低可以将管理人员划分为三类，高层管理人员、中层管理人员、基层管理人员（通常也称为一般管理人员）。对于这三类管理人员薪酬管理的侧重点有所不同，比如对高层管理人员和部分中层管理人员，薪酬管理的重点主要是探讨长期激励措施的实施问题；而对于基层管理人员薪酬管理的重点则要放在如何通过薪酬管理改善其工作绩效，提高其管理效能上。为什么对基层管理人员薪酬管理的重点如此定位呢？这是由基层管理人员工作的如下特点所决定的。

①基层管理人员是公司战略的最终落实者，公司的战略只有通过基层管理人员的管理活动才能真正落到实处。

②基层管理人员是公司政策和高层管理决定转变为员工行动的底层传达者，公司政策能否得到执行，高层决定能否得到贯彻，首先取决于基层管理人员贯彻政策和决定的态度和能力。

③基层管理人员是公司业务的主要执行者，公司业务能否顺利开展，业务范围能否不断扩大，效益能否提高，很大程度上取决于基层管理人员的主观努力程

度和能否有效地调动下属的积极性，他们的稳定和高效对公司业绩的好坏起着十分重要的作用。

④基层管理人员是员工的直接主管，其管理活动和管理行为不仅是员工行为的示范，而且直接影响员工的工作效率和工作业绩。

二、基层管理人员的薪酬模式

基层管理人员的上述特点决定了基层管理人员的薪酬模式，即"基本薪金＋奖金＋福利"的模式。三者在基层管理人员整体薪酬中所占的比例没有统一的标准，而是随地区、行业、企业经济性质的不同会有所差别。据调查，在基层管理人员整体薪酬中，基本薪酬占60%左右，奖金占20%左右，福利占20%左右，这可能是一个较为合理的比例范畴。

（一）基本薪酬

在确定基层管理层基本薪酬水平的时候，组织往往会考虑到多种因素，这些因素包括企业规模、组织盈利水平、销售状况、所占市场份额、组织的层级结构、其他员工群体的薪酬水平等。当然，不同的管理层级所侧重的参照因素是有所不同的：高层管理者的基本薪酬水平主要会受到组织规模的影响，中层管理者往往会受到企业层级结构的制约，而基层管理者的基本薪酬水平则更多地会和其所监管的普通员工的人员类型、数量以及他们的薪酬水平有关。在通常情况下，基层管理人员与所属员工之间的平均薪酬差距在30%左右。

从总体上来说，绝大多数企业都会选择使管理层的基本薪酬水平超出，至少是相当于市场平均水平。毫无疑问，选择这种做法是出于多方面的考虑，管理者的工作对于企业而言至关重要；管理者往往都有很长的工作年限和丰富的工作经验；管理层相对于员工总数而言人员甚少；管理者和外部市场打交道比较多，因此追求外部公平性的意识较强烈；由于企业对管理层的要求往往比较高，而劳动力市场上的供给又相对较为紧张，因此企业管理人员的薪酬水平需要具有一定的市场竞争力。当然，管理者个人的薪酬水平在很大程度上还是取决于其实际的管理能力和绩效水平高低。

(二) 奖金

在一般情况下，企业向基层管理人员支付短期奖金，意在对其在特定的时间段里（通常是一年）为组织绩效做出的贡献进行补偿和奖励。通常意义上的短期奖金都是以组织的总体经营绩效为基础的，由于基层管理人员对于企业总体经营绩效的达成情况有着比普通员工更大的影响力，因此，基层管理人员的短期奖金与企业总体经营业绩之间的关系会更为紧密。在具体计算方面，基层管理人员的短期奖金往往以管理者的基本薪酬为依据，其具体数额取决于管理者对于经营结果的实际贡献大小。当然，上年度企业的利润水平、组织的生产率高低、具体管理行为的成本节约情况、资本和资产的回报率等因素也会对短期奖金的数量产生影响。

在对基层管理人员的短期绩效进行衡量时，企业既有可能使用总体盈利水平等单一指标，亦有可能使用对于企业成功而言同等重要的多重指标。在后一种情况下，企业必须把握好不同指标之间的权重。比如，在某公司的短期奖金方案中，基层管理人员的短期奖金取决于每股收益率（组织的净收入除以已发行的普通股票的平均数目）、权益收益率（组织的净收入除以股东权益的平均值——普通股+优先股+保留收益）、资本收益率（组织的净收入除以它的平均资本、资产收益率（组织的净收入除以组织的净资产）四个方面的测量结果。

(三) 福利

对于基层管理人员的福利计划也要体现其特点。

①基层管理人员承担着对员工的直接指挥任务，在其素质要求方面，对技术技能的要求比较高，因此要因人而异地为基层管理人员设计一些技术业务方面的培训计划，帮助基层管理人员提高技术技能。

②基层管理人员管理任务重，工作时间长，有的甚至要长期待在生产岗位，与员工吃住在一起，无暇照顾家庭与子女。因此要有意识地增加服务性福利项目，为基层管理人员提供更多的家庭服务，解决其后顾之忧，比如提供子女入学、家务料理服务等。

③基层管理人员直接面对被管理者，在行使管理职能时容易与被管理者发

生冲突，因此矛盾较为集中。尤其是当被管理者素质较低、思想意识较差的情况下，基层管理者常常面临着各种安全威胁。因此在安排福利计划时，为基层管理者设计保障性福利也要符合基层管理者的福利需求，如人身伤害保险等。

④基层管理者长期坚守在本职岗位上，过着枯燥、乏味而又紧张的生活，基于此可考虑为其增加一些实物性福利项目。比如可为其在工作场所设置球类体育设施，让其在紧张工作之余与员工一起从事一些球类活动；也可送其一些免费的电影票或足球赛入场券，让其在观看电影或比赛中得到放松；当然也可为其增加一些机会性福利项目，给予其带薪休假的机会，或者安排其家庭参加旅游活动。

⑤根据基层管理人员的工作环境设置福利项目。比如基层管理人员如果是露天作业，那么夏天可安排一些避暑福利项目，如饮料、避暑药品等；冬天可安排一些取暖福利项目，如棉衣、棉裤、棉帽等。如果其工作环境是高温环境，那么就要为其提供高温补贴。如果岗位工作带有伤害性或容易产生职业病，那么就需要为其提供免费定期体检、职业病免费防护等福利项目。

当然在福利项目上也可以为基层管理人员提供"自助式福利套餐"，任基层管理人员自己选择福利项目组合。

总之，不管是基本薪酬，还是奖金福利，都应与基层管理人员的晋升联系起来，在职业管理者阶层与普通员工之间界定一个合理的中间位置，这样，薪酬体系才能有一个可靠有效的制度支撑。

第二节　专业技术人员的薪酬体系设计

越来越多的企业认识到，吸引和留住拥有智力资本的专业技术人员是企业培育核心竞争力、获取竞争优势的关键环节，而薪酬管理作为一种吸引和留住专业技术人员的重要手段，也越来越引起企业管理者的广泛关注。

一、专业技术人员的工作特点

专业技术人员是指具有中专以上学历或者持有有关部门颁发的专业技术职务

资格证书，并在专业技术岗位上从事专业技术工作的人员。在企业中常指在相关岗位上从事产品研发、市场研究、财务分析、经济活动分析、人力资源开发、法律咨询等工作的专门人员。其工作属于脑力劳动的范畴，其产品属于智力产品，其工作特点主要表现在以下几个方面。

1. 工作过程不容易被检查

专业技术人员的工作主要是脑力劳动，无法显性地表现出来，难以对它们进行有效的检查。

2. 工作业绩不容易被衡量

专业技术人员的工作业绩往往要经过很长一段时间方可显示出来。

3. 工作时间很难估算

表面上看，专业技术人员好像与其他人一样正点上班、正点下班，其实他们的工作时间远比正常上班时间多得多。

4. 市场价格高

专业技术人员是社会的稀缺资源，是市场主体争夺的焦点，受市场供求关系的影响自然具有较高的市场价格。

5. 权高位低

专业技术人员的工作智力含量高，在专业知识领域中容易得到人们的认可，具有很高的权威，但是在企业里尤其是一些实行单一职位等级薪资制的企业，他们由于管理职位低，薪金与其贡献或者与其重要程度常常不成正比。

二、如何确定专业技术人员的薪酬

(一) 成熟曲线及其薪酬决定

从本质上来讲，企业向专业技术人员支付的薪酬实际上是对他们所接受的若干年专业技术训练，以及所积累的专业技术经验的价值的一种认可。因此专业技术人员的技术水平高低是决定其薪酬水平的一个非常重要的因素。专业人员的技术水平取决于两个方面的因素，一是其接受过的正规教育和训练水平，二是工作经验年限和实际工作能力。在专业技术人员所接受过的专业技术教育和训练水平一定的情况下，工作经验年限的长短是专业技术人员技术水平的一个重要的决定因素。这一方面是因为很多专业技术知识需要在实践中不断深化，另一方面是因为专业技术人员会在工作的过程中继续学习甚至创造新的知识。因此，在实践中，根据专业技术人员的事业成熟曲线来确定专业技术人员的薪酬水平是一种比较常见的做法。

所谓事业成熟曲线从动态的角度说明了专业技术人员的技术水平随着工作时间而发生变化的情况，以及它与技术人员的薪酬收入变化之间的关系。成熟曲线所依据的数据来源于对外部劳动力市场的薪酬调查，在多数情况下数据是从专业技术型员工大学毕业这一节点开始收集的。由于某一特定劳动力市场上所需要的知识和技术都具有相同或相近的性质，因此专业技术人员的参照对象可以选定为在同一时间段毕业、进入相同或类似劳动力市场的那些同行。在通常情况下，专业技术人员的事业成熟曲线起步很快，在大学毕业之后的5~7年的上升速度是最快的，每年增幅为10%~15%；经过15~20年之后，随着员工知识的逐渐老化和创造力的减弱，事业成熟曲线开始变得平缓起来，增幅降到0%~5%，其后便相对稳定在一定的水平上。事业成熟曲线反映出专业技术人员所积累的专业知识和技术在刚刚进入劳动力市场时是非常有优势的，再加上工作经验的逐渐丰富，其工作能力提高得很快，因而，这一阶段的薪酬增长速度也会很快。但是在经过一段时间以后，随着原有专业知识和技术的老化，工作经验对于价值创造的作用也呈现递减趋势，专业技术人员的工作能力提高速度逐渐减缓直至进入一个事业平稳期，此时，专业技术人员的薪酬也相对稳定在一定的水平上。此外，除工作经验、年限因素以外，专业技术人员的实际工作绩效差异也会导致他们的事业成熟曲线出现不同。其他条件相同，工作绩效较高者的成熟曲线位置更靠上一些，而绩效处于平均水平者的成熟曲线与绩效较差者的成熟曲线所处的位置则更低一些。

一般来说，制订专业技术人员的薪资方案时，除非他的才能特别出众或者特别不尽如人意，否则只要受教育程度和年资相同，知识水平和工作能力相仿，这些员工的薪资水平也应大致相当，这样才能体现内部的公平性。当然，即使起点水平和时间相同，组织也应当使特别勤奋、工作负责而富有进取精神的员工同应付工作、表现平平甚至有缺勤、懈怠现象的员工在薪酬水平上有相当的差别，以体现薪酬的激励性。一般而言，在基础一致时，因业绩不同而造成的薪资差别，最优者可高于一般者10%，而最低者亦可低于一般者10%。总之，在专业及技术人员薪酬体系设计中，要突出两部分，一是职能资格的区分；二是把对科研、专业技术人员工作表现和实际工作效果的考核，作为绩效薪资或加薪的依据。

(二) 双重职业发展通道

近些年来，在专业技术人员的薪酬设计中提到比较多的一个问题是所谓的双重职业发展通道的概念。在以职位为基础的传统职能型组织中，决定员工薪酬的一个重要依据是所从事的职位在企业中的行政级别高低，因此，一大批专业技术人员发展到一定的层次之后，就将精力转移到了谋取职位晋升方面。很多时候，尽管专业技术人员不喜欢跟人打交道，也不了解如何跟人打交道，或者说根本不愿意搞管理工作，但是，由于只有做管理工作才有可能获得职位等级上的晋升，因此，许多优秀的专业技术人员最终都以放弃专业技术工作为代价获得了职位的晋升，当然还有相应的薪酬水平的提高。然而，专业技术人员的这种取向对于企业来说却未必是有利的，因为一部分不懂管理也不喜欢搞管理的优秀技术人员转变角色之后，实际上会给企业带来双重的损失。

鉴于上述问题的存在，近些年来，越来越多的企业开始实行专业技术人员的双重职业发展通道。所谓双重职业发展通道，就是指在薪酬方面，专业技术人员可以谋求两条不同的晋升路径，一种路径是走传统的路子，即由从事专业技术工作转变到从事管理型工作；另外一种路径是继续从事专业技术工作。无论是走哪一条道路，专业技术人员都同样具有薪酬增加的空间。因此，当专业技术人员达到职业发展生涯的一定阶段的时候，他们就会考虑到底是按照原有的轨迹继续发展下去，通过借助自身的专业技能为组织做出更大的贡献而获得更高的收入，还是另辟蹊径，通过承担越来越多的管理职责来获得更高的薪酬。这无疑给专业技术类员工提供了一个更大的发展空间。

三、关于专业技术人员薪酬管理的几点建议

企业应该认识到，不管采取什么样的薪酬模式，真正支付给专业技术人员的薪资都只是内容丰富而奥妙无穷的广义薪酬的一部分，要充分发挥薪酬对专业技术人员的激励作用，企业还需要做好以下几项工作。

(一) 营造一个"尊重科技，尊重人才"的良好的企业文化氛围

这是吸引和留住专业技术人员的根本。只有在良好的企业文化氛围中学习、工作和生活，专业技术人员才能有安全感、归属感、自尊感、满足感、社会荣誉感，才能学得安心、干得顺心、拼得欢心、活得舒心。

(二) 将专业技术人员的职业管理与企业薪酬管理有机地结合起来，满足专业技术人员的职业期望与需求

企业要通过加强职业管理，辅导专业技术人员制定切实可行的职业生涯规划，将专业技术人员的职业目标与组织的战略目标有机统一起来，并通过制定相应的薪酬策略促进专业技术人员职业目标的实现，从而促进员工与企业共同成长。

(三) 完善专业技术人员的福利体系

专业技术人员由于工作的特殊性，在福利上有更多的需求，包括家庭护理、心理调适、身体保健、进修培训、旅游休假等。在福利支付方式上针对专业技术人员的群体特征，着重要强调个性化福利，给予他们选择福利的自由。比如给予他们一个福利费定额，让他们自主支配；或者给他们一个"福利包"，让他们自主选择"福利套餐"。

(四) 将专业技术人员纳入企业长期激励体系

专业技术人员作为专业化人力资本的拥有者，在企业培育核心竞争力、争取优势竞争地位的过程中，与企业中高层管理人员一样具有主导和决定性的意义。因此在产权清晰、公司治理结构建立健全的情况下可以通过设计和实施适当的股票期权计划，将他们纳入企业的长期激励体系中，使其与企业结成命运共同体，以期达到长期激励的目标。

第三节　销售人员的薪酬体系设计

一、销售人员的工作特点

销售人员是企业从事销售业务的人员，他们相对于前述的基层管理人员和专业技术人员来说，具有明显的群体特征，其工作也表现出独特性，主要体现在以下几个方面。

(一) 工作业绩直接影响到企业的生存

销售工作与其他各项工作不同，其他各项工作对企业的影响都只是局部的，而销售工作则影响企业的全局。一家企业如果销售工作没有开展起来，则该企业的其他各项工作都无法正常进行。因此企业在制定工作计划时喜欢讲的一句口头禅就是"销售是龙头"，这是有一定道理的。

(二) 工作时间不确定

基层管理人员和专业技术人员尽管因为管理任务或研发任务繁重，有时在工作时间和业余时间之间也很难划分清楚，但是总有一个相对固定的工作时间。销售人员则不一样，他们的时间分配取决于客户，很难有一个确定的工作时间，因此也就无法对他们进行严格的考勤。

(三) 工作过程无法实施有效的控制和监督

对基层管理人员的工作进行监督是必要的，也会起到应有的效果。但对销售人员的工作监督则很难实施，也无法达到预期的目的，在这一点上销售人员的工作与研发人员的工作相类似，其工作很大程度上取决于自觉和主观努力。如果一个销售人员本身对销售工作没有兴趣，那么再多的监督也不会有任何效果。

(四) 工作业绩能够衡量

专业技术人员的工作业绩在短期内无法衡量，销售人员的工作业绩则在短期内就能体现出来，其业绩表现为一定时期内的销售额、新客户开发数、货款回收额等，业绩指标具体而又明确。

(五) 业绩不稳定，波动性大

基层管理人员的业绩绝大部分取决于自己的主观努力，因此其业绩是可以由自己左右的，是比较稳定的。而销售人员的业绩除自己的主观努力以外，很大一部分还取决于外界环境因素，这不是由销售人员所能控制的，因此其业绩常常表现为不稳定性，各统计期间业绩的差距常常很大。

二、建立销售人员薪酬制度应遵循的原则

在建立销售人员薪酬制度时应遵循以下原则。

(一) 有效性原则

权衡整个行业内人才市场的薪酬行情和本公司的支付能力与经营理念，所支付的薪酬既不能失去激励性，又不能产生"油多了不香"的后果。

(二) 灵活性原则

薪酬制度的建立应既能满足各种销售工作的需要，又能比较灵活地根据市场行情和营销周期加以调整。

(三) 竞争性原则

薪酬制度必须富于竞争性，给予报酬要高于竞争者的水平，这样才能吸引和留住最佳的销售人员，从而形成一支强有力的销售团队。

(四) 激励性原则

薪酬制度必须能够予以员工一种强烈的激励作用，以便使其取得最大潜能的销售业绩。同时，又能引导销售人员尽可能地配合企业的整体运作。

(五) 稳定性原则

优良的薪酬制度，必须使大部分有安定性心理需求的销售人员每周或每日有稳定的收入，这样才不至于使之太过紧张和不安。

(六) 便于理解和管理的原则

一种有效的薪酬制度必须使员工能随时以自己的业绩计算出自己的薪酬水平，同时也不能给薪酬管理带来更大的麻烦和成本。

(七) 配合性原则

销售人员薪酬制度的建立，必须以认识和配合各有关部门的目标为基础，否则不易确定其与公司长期利益的吻合程度。

(八) 相称性原则

销售人员的薪酬必须与其本人的能力、性格等相一致，与其合理的生活水准相一致，还要与其他部门相一致。

三、销售人员的薪酬模式

(一) 纯薪金模式

纯薪金模式是指销售人员的薪酬全部是固定的基本薪酬。这种模式的优点是，它使得销售人员的收入得到了保障，增强了他们的安全感，使得员工能够保持高昂的士气。而且这种模式也便于管理。其缺点在于，由于收入与业绩不挂钩，员工缺乏动力去改善销售业绩，不能对员工形成有效的激励，容易形成"吃大锅饭"的氛围。而且这种模式可能会给有进取心、有能力的营销人员带来伤害，造成企业人才的流失。就企业来说，固定薪酬将成为企业的一笔固定费用，不利于企业控制销售费用。

在实践中，使用纯薪金模式的企业较少。当销售人员对晋升机会、成就感、荣誉等需求较为强烈时，或者当销售业绩的取得需要，有很多人进行团队协作时，纯薪金模式较为适用。

(二) 纯佣金模式

纯佣金模式是指销售人员的薪酬中没有基本薪酬部分，其收入全部来自按销售额一定百分比提成的佣金。其基本模式为：

个人收入 = 销售额 × 提成率

上述公式只是一个简单的描述。在实践中，提成率有时并不是固定的。例如，有些企业为营销人员设定了目标销售业绩，当销售额低于目标销售业绩时，提成率为3%，当销售额高于目标销售业绩时，超出部分销售额的提成率上升到5%。其目的是为了激励销售人员创造更好的业绩。提成率的确定没有固定之规，它的高低取决于产品的价格、销售量及产品销售的难易程度等。

这种模式的优点是，它将销售人员的收入直接与业绩挂钩，能够产生很强的激励作用。而且它将销售的风险完全转移到了销售人员身上，降低了公司的运营成本。其缺点在于，销售人员承担了较大的风险，其收入易受经济环境等外部因素的影响而大幅波动，这将会减弱销售人员对企业的归属感，销售团队的稳定性和凝聚力也相对较差。而且，由于销售人员的目标单一，仅仅集中于销售额，这可能会使其忽视其他很多与其收入没有直接关系，但对企业非常重要的销售活动，如客户信息的收集、企业的形象等。

在实践中，这种薪酬模式常见于产品标准化程度较高但市场广阔、购买者分散、很难界定销售范围、推销难度不是很大的行业，如保险、营养品、化妆品等行业。当销售行为能够在短期内产生业绩，而且已有人获得众所周知的高额收入时，这种模式就更具吸引力。另外，在实践中，这种模式常用于企业的兼职销售人员。

(三) 基本薪酬加佣金模式

基本薪酬加佣金模式是指销售人员的收入包括基本薪金和销售提成两部分。在这种薪酬模式下，销售人员一般都有一定的销售定额，当月不管是否完成定额，均可得到基本薪金即底薪；如果销售人员当月完成的销售额超过设置的销售定额，则超过部分按比例提成。薪金佣金模式的基本模式如下：

个人收入 = 基本薪金 + (当期销售额 – 销售定额) × 提成率

薪金佣金模式实质上是纯佣金模式和纯薪金模式的混合模式，它兼具有两者的优点，使得销售人员收入既有固定薪金作保障，又与销售业绩挂钩；既有提成的刺激，又给员工提供了相对固定的基本收入，使他们不至于对未来收入产生恐慌。正因为这种模式既克服了纯薪金模式和纯佣金模式两者的缺点又吸收了两者的优点，所以被企业和销售人员广泛接受，成为当前最通行的销售人员薪酬模式，在美国有50%的企业采用此模式。

(四) 基本薪酬加奖金模式

基本薪酬加奖金模式与基本薪酬加佣金模式类似，虽然佣金与奖金都与销售业绩挂钩，但二者仍有区别。不同之处主要在于佣金与奖金的计算方法不同。佣金是根据销售业绩和提成率直接计算确定的，无论销售业绩如何都可以获得佣金，只不过是多少的问题；而奖金却不然，只有销售人员的销售业绩达到一定水平时，他们才可以获得奖金。另外，在佣金的设计中，一般只能与量化的销售业绩指标挂钩，如销售收入、销售量、销售利润等；而在奖金的设计中，企业可以采用市场开拓、客户投诉状况、货款回收速度等不太容易一一量化的指标作为营销人员获得奖金的门槛。这一模式的优缺点与上一模式基本相同。

(五) 基本薪酬加奖金加佣金模式

基本薪酬加奖金加佣金模式将基本薪酬、奖金和佣金等三种薪酬手段集合在了一起。在这一模式下，营销人员除每月有固定的底薪外，还可获得销售额一定比例的佣金，当其销售业绩达到既定标准时，还可以获得奖金。这一模式的优点在于兼具奖金和佣金的激励效果，同时还有基本薪酬为员工提供保障，因此它在实践中也很常见。其缺点在于，加大了公司的销售成本，并且使成本变得不可控制。另外由于提成率、销售业绩标准等设计起来比较复杂，该模式加大了薪酬设计的难度，增加了薪酬激励的成本。

四、选择何种薪酬模式

对于一个特定的企业来说，具体采取哪种销售人员的薪酬模式，要综合其所处的行业、企业所提供产品或服务的特点、企业所处的生命周期以及企业以往的做法等几方面来考虑。

从行业因素以及企业所提供的产品或服务的特点来看，销售的技术含量低、销售对象广泛、产品的销售周期较短的行业，如前面提到的保险、营养品、化妆品行业等，对销售人员较宜采用"低固定＋高提成"的底薪加佣金模式，甚至实行纯佣金模式。这种薪酬模式一切以销售业绩为导向，能最大限度地刺激销售员工提升业绩，令员工承受巨大的工作压力，并迅速提升公司销售额，而一旦市场出现不利条件状况，销售工作遇到瓶颈时，销售队伍也很容易分崩离析。但这些行业由于产品销售过程中的技术含量不高，对销售人员的培训较为简单，因此在克服困难之后重新组建一支高效的销售队伍并非难事。而对于一些专业性很强、产品销售过程中需要高含量的技术支持、市场相对较狭窄以及销售周期较长的企业而言，对销售人员宜采用"高固定＋低提成"的底薪加奖金或底薪加佣金模式。例如产品的专业性非常强、竞争激烈、人才流动性很高的 IT 行业，其销售人员就比较适合这种薪酬模式。较高的底薪能够给员工以安全感和归属感，能有效保证工作和人际关系的延续性，防止人员频繁流动对销售工作带来的困扰。但在这种薪酬模式下，如果没有相应的考核控制措施，将导致员工惰性滋生，工作效率降低。

从企业的生命周期来看，当公司产品刚刚上市时，产品没有什么知名度或者知名度很小，产品的性能也可能不太稳定，这个时候，市场开拓的困难程度和风险性是很高的，销售人员的努力很可能无法得到足够的市场回报，因此，企业对其销售人员适合实行"高固定＋低提成"的底薪加奖金或底薪加佣金模式，甚至完全采用固定薪酬模式。而当企业进一步改进其产品性能，市场开拓逐渐显露成效的时候，企业开始进入快速成长期，需要销售人员不断拜访客户以开拓市场，或是产品性质决定其需要不断开拓新的客户源，保持与客户的密切联系，这时较适合采用"低固定＋高提成"的底薪加佣金或底薪加奖金模式，以鼓励销售人员更加积极地去扩大市场份额，增加销售额。当企业进入成熟期和衰退期时，企业的知名度往往已经比较高，管理体制趋于成熟，客户群相对稳定，市场份额开始逐渐缩小，企业产品的销售额更大程度上是来自于公司整体规划和推广投入而非销售人员的个人努力，这个时候对销售人员采用"高固定＋低提成"的底薪加奖金或底薪加佣金模式将更有利于企业维护和巩固现有的市场渠道和客户关系，保持企业内部稳定，有利于企业的平稳发展，也有利于企业延缓衰退，从而从该产品中赚取更多的收益。

第六章 高管薪酬对公司绩效的影响

第一节 高管薪酬与公司绩效关系的相关文献综述

在现有文献中,学者的研究普遍集中在笼统的研究高管薪酬与公司绩效的关系上,对于高管薪酬结构研究较少,薪酬结构通常包含货币薪酬、股权激励、期权激励、在职消费等。另外国内外也有很多学者孜孜不倦于对薪酬差距的研究,这些研究都与本节的研究息息相关。因此,我们主要从水平、结构、差距三个维度来简要回顾比较有代表性的国内外研究文献,以便为之后的研究的展开奠定文献基础。

一、高管薪酬水平与公司绩效相关的研究文献综述

(一) 高管薪酬水平与公司绩效正相关的文献回顾

研究高管薪酬水平对公司绩效的影响往往要从高管人员开始着手,如研究对高管人员的激励。早在一些学者的文章中就有对高层管理团队和董事会成员的激励之间的关系进行了研究,研究发现这两者存在相关关系,并且发现对高管团队的激励能够更有效地提高经营绩效。接着就是要将薪酬水平量化进而研究其对公司绩效的作用,例如,货币薪酬水平对绩效的作用;研究文献有山东大学教授

张恩众的《影响上市公司高管薪酬的因素分析》，该研究表明高管现金报酬水平越高，公司绩效水平也越高，但在公司盈利为负的情况下，高水平的高管现金报酬并没有扭亏能力；研究文献还有郑允凉的《高管报酬与公司绩效相关性实证研究》，他对448家上市公司进行了高管报酬与公司绩效相关性的研究，研究结论同样表明公司绩效随高管薪酬的增加而增加。

当然更多的是宏观地研究高管薪酬与公司绩效之间的关系，我国学者杨青采用沪深两市公司4年的面板数据，用全样本数据，按照企业性质，分为私人对比国有控股、国有控股对比集体展开混合回归，研究结果同样表明薪酬水平与绩效之间存在着正相关关系。陈震等以2001~2007年间上市公司为初始研究样本，且相关样本在该区间持续存在，同时剔除金融类和数据缺失的样本公司，结果表明高管薪酬对财务业绩、市场业绩都有着正向促进的作用。曹延求的文章中指出上市公司强制披露高管薪酬后，公司绩效指标与高管薪酬的关系变得显著正相关，同时他将这两者的相关性与2005年前这两者的相关性进行对比发现，该相关性更加显著，这说明有关薪酬的准则、法规条文的颁布能够提高高管薪酬与公司绩效的相关性，从而增强公司治理，这项结论也为提高上市公司的治理水平以及完善与高管薪酬有关的法规都起到了范例作用。刘小艳以江苏省A股上市公司2009~2011年的面板数据作为研究样本，通过实证分析研究高管薪酬与绩效的关系以及薪酬的主要影响因素，通过实证检验和分析得出了高管薪酬与公司绩效呈现着相关关系的结论。

也有文章着力于高管薪酬对与绩效有关的变量之间的影响，比如说夏宁的文章中研究发现员工薪酬、高管薪酬在中小上市公司具有激励作用，可以提高上市公司的成长性。当然有的研究文献结果显示并不是完全一直都是呈正相关的，会随着外部环境的变化有所改变，最终使得高管薪酬与公司绩效之间的相关性较小。比如国外一些学者研究认为大部分上市公司的高管薪酬都是独立于公司业绩的。他们提出，平均而言，美国公司像对待官僚那样向企业的主要领导支付相关薪酬，慢慢地却发现，薪酬与绩效的关系随着时间的推移越来越恶劣。

(二) 高管薪酬水平与公司绩效负相关的文献回顾

现有研究中,对于高管薪酬与公司绩效之间呈正相关关系的研究结果比较多,当然存在支持者的同时也少不了反对的声音,部分学者并不认为薪酬水平的提高会促使公司绩效的提高的,甚至在他们的研究中得出了相反的结论。例如我国学者辛清泉、林斌以我国上市公司 2000~2004 年 5 年的数据为研究样本,就高管薪酬对投资不足和过度投资的影响进行了分析,研究结果发现,高管薪酬过低会导致过度投资现象的发生,而投资不足和投资过度都是企业绩效不够理想的表现。

另外,也有研究行业的学者,比如说刘继红的文章采用了 2009~2010 年制造业上市公司数据,实证研究表明上市公司高管薪酬对财务绩效、市场业绩等呈现出负作用。而这种负作用,市场业绩略高于财务业绩。也有的学者从管理层操纵的角度来谈高管薪酬水平对公司绩效的负相影响关系,学者罗宏的研究发现国有企业高管经常通过提高其薪酬与业绩指标之间的关联性来操纵业绩,且随着管理层权力加大,操纵行为越明显,因此会出现高管薪酬水平高而绩效却异常低下的情况。另外,詹浩勇、冯金丽等学者也认为高管薪酬水平与绩效之间存在负相关甚至不相关关系。而研究高管薪酬水平对未来绩效影响的文章十分少,目前比较有代表性的当属唐松关于高管薪酬水平过高,超额对未来绩效的影响表现出负相关关系的研究结果。学者黄娟、赵子敏在文章中指出,国有上市公司的高管薪酬没有表现出对公司绩效的明显作用,公司绩效也并不会通过高管薪酬的增加而提高。

(三) 高管薪酬水平与公司绩效文献述评

关于单一薪酬水平对当期公司绩效的影响维度的研究其实已经比较成熟了,但是对于绩效影响的持续性,或者动态影响研究的文章较少,目前具有代表性的只有唐松的文章研究了高管超额薪酬对未来绩效的影响。同时上述文献研究虽然没有形成统一的定论,甚至还存在一些学者认为高管薪酬水平与企业绩效之间不存在关系,例如左晶晶和唐跃军、黄娟和赵子敏,但是,我们不难看出大部分学者得出高管薪酬水平与公司绩效之间存在着正相关关系,同时国外学者在较早时就研究了高管薪酬与公司绩效间的关系，我国学者研究开始的比较晚，但近期高管薪酬水平在我国成为了研究热点，相关的文章也比较多。得出结论差异的原因可能是由于不同学者采用的研究方法与样本数据不同导致的。

二、高管薪酬结构与公司绩效相关的研究文献综述

现有文献的研究主要关注薪酬水平的影响因素及其导致的经济后果，对于薪酬结构的关注少之又少。引用步丹璐的话来说，从金融危机期间高天价薪酬引来各方关注开始，人们的关注点却不仅仅停留在薪酬水平上，薪酬结构也开始进入研究者们的眼球，薪酬的公平性也逐渐成为他们关注的热点。薪酬结构通常由货币薪酬、股权期权激励、在职消费等组成。

(一) 货币薪酬与公司绩效相关的文献回顾

货币薪酬毫无疑问是高管薪酬的一大部分，国内外很多研究高管薪酬与绩效相关的文献都用货币薪酬来度量。早在1962就有国外学者的研究结果表明，奖金和非股权性补偿，例如延期支付增加了公司的绩效。但是，餐饮行业类别的公司的绩效和员工基本工资是成反比的，而且若使用股权的基础，员工的基本工资与公司的绩效其实是没有相关性的。本章的研究结果还直接地表明，使用奖金和延期支付等财务手段能够使得公司的绩效水平提升。杨青等研究证实了上市公司高管货币薪酬与公司绩效确实存在着正相关关系。肖忠义研究了中国上市公司CEO货币薪酬与权力寻租、并购绩效之间的关系，同时衡量不同性别的薪酬水平。他发现高管薪酬更依赖会计上的绩效而不是股市的增长，同时另一个直接影响到了薪酬水平的高低的重要的原因是该高管是否在薪酬委员会中有过任职。张娟在其所写过的文章中表明一个观点，即CEO级别的薪酬激励制度会在很大程度上限制机会主义的盈余管理行为的产生，虽然能进一步减少审计时的经费对盈余管理的反映系数，但是却由于在高管人员拥有股权的激励下显现得相当薄弱。尤其是当民营上市公司高管所持有的股权数所占比例并不大时，股权激励政策反过来又会使得高管人员的机会主义盈余管理行为增加，股权激励政策反而会提高审计费用对盈余管理的反映系数。文章在认识了解了各类不同情况的盈余管理的

模式的情况下，有效地提高了高管人员对公司盈余管理的风险意识，达到公司绩效持续提高的目标。

另外，一些学者及专家认为，高管的货币薪酬以及公司的绩效这两者之间并不存在着正相关的关系，不存在正相关性则意味着绩效与薪酬这两者之间有其他的关系，即为不相关性、负相关或者是呈现其他关系。我国学者高辉在《上市公司 CEO 薪酬与绩效关系研究》一文中明确表明，高管人员的努力不仅是通过工资加奖金的这种报酬方式来进行激励的，尤其是拥有风险偏好的高管，我国的上市公司激励 CEO 的主要方式为控制权的收益。詹浩勇、冯金丽通过研究我国高新技术产业上市公司相关数据发现，以披露的货币薪酬来衡量高管薪酬和以净资产收益率衡量的公司绩效之间没有相关性，而公司规模却会积极地影响高管薪酬。达夫斯和卡比尔的研究结论表明，据于荷兰公司并没有披露足够多的非货币薪酬信息，数据的获取受到限制，因此他们仅采用了 1998~2001 年的高管货币薪酬的数据，实证研究了货币薪酬与公司绩效之间的相关性问题，显示结果表明这两者之间不存在正相关关系。

左晶晶、唐跃军、科尔等学者也有着相同或相近的结论，公司绩效和高管薪酬激励不仅正向线性相关，而且此种相关还附加着左低右高的关系。薪酬如果过高反而会产生负面影响，而工资过低也对激励高管人员努力工作并及时完成任务甚至改善公司的业绩均起不到促进作用，甚至会产生消极怠工的现象。

(二) 股权激励与公司绩效相关的文献回顾

对于股权激励对公司绩效的研究，大多数学者从股权结构、高管持股比例，还有股权分置改革对高管持股的影响来研究其对绩效的影响。例如，徐霞认为股权激励与绩效存在正相关，他的文章在实证研究高管薪酬粘性的同时考虑了股权结构对其粘性的影响程度，得出上市公司高管薪酬对企业业绩具有明显的促进作用，并且粘性显著。与此同时，股权结构会很大程度上影响这种粘性，表现在第一大股东的持股比例上，第一大股东的持股比例与高管薪酬粘性正向相关。此外，不同的企业股权性质也会影响这种粘性，具有国有股权性质的薪酬粘性明显大于非国有股权的薪酬粘性。由此可知，徐霞的研究更多的侧重强调企业股权性质作用下，高管薪酬对公司价值的增量作用。另外，王鑫在 CCER 经济金融研究数据库里面选取制造业上市企业 2008～2010 年的沪深两市 626 家公司的数据，企业绩效（净资产收益率）作为因变量，高管货币性薪酬及高管持股比例衡量高管薪酬并作为自变量，规模、成长性水平、负债率等作为控制变量，进行回归分析，研究结论表明制造业上市公司高管货币薪酬、高管持股比例都对企业绩效具有正向的促进作用。近期，陈信元的研究结论也表明股权分置改革与公司绩效的关系显著，股权激励的作用日趋明显。

根据现有文献研究来看，认为高管持股与公司绩效不存在正相关关系或者不相关的文献也有不少。比如，胡铁军早在 2008 年就研究了高管持股与公司绩效的关系，他的研究对象为经过股改后实施高管激励机制的上市公司，他利用相关分析、回归分析等方法进行了检验。研究结果表明，由于股权分置改革完善了上市公司治理结构，高管激励机制产生积极效应，从而提高了公司的绩效，但高管人员持股比例与公司绩效并没有显著的相关性。紧接着下一年，学者堪新民和刘善敏也对经营者持股比例与公司绩效的关系进行了研究，他们选取上千家上市公司 2008 年的财务状况为研究对象进行了报酬结构与公司绩效之间关系的研究，结果发现，经营者的持股比例与经营绩效只是呈现显著的弱相关关系。我国近几年的研究也有发现高管持股比例对公司绩效无显著影响的。同时也有国外学者研究了 1995～1998 年期间样本公司的绩效与高管股权激励水平之间的关系，他们认为，股权激励机制安排没有增加公司绩效，而在考虑资本成本和股票期权价值成本的情况下，样本公司绩效的平均增量竟然低于零。

(三) 在职消费与公司绩效相关的文献回顾

高管人员的在职消费已逐渐地变成我国的一个令人非常关心的热门话题，代理观是对国内的在职消费的研究的主要局限，特别是在我国国有控股公司职业经理人的职务消费问题上。有学者专家指出了"职务消费货币化"的观念而并没有解决"职务消费"具体怎样去度量的问题，所以这样的观念并不具有现实意义。同时他们认为"职务消费"可以通过公司的预算管理渠道去尝试解决，问题的关键之处在于预算的编制准确程度、预算执行的形式、管理过程的强化，以及战略性人员的激励。然而，由于我国国情和体制限制，我国相关的研究进程相对来说发展较慢，只有少量代表性研究。关于在职消费的研究我国国内则以陈冬华、梁上坤等为代表，他们的研究结果都表达出在职消费与企业的绩效呈现出一个正相关的关系，并且能够在一定的程度层面里去弥补货币薪酬的不足。国外的在职消费这一问题的文献研究相较于国内来说是比较成熟的，早在国外的研究中，不少的公司企业便研究了在职消费所带来的积极效应。比如拉古兰的文章认为，在职消费的初衷是为了提高高级管理人员的管理效率，同时也可以达到加强管理人员地位和深化权威的作用。并且更长远来看，提高高管人员的地位与权威对降低公司这一庞大组织的交易成本起到极大的作用，从而提升组织效率，提高公司的运营效率，最终都表现在绩效的提高上。

与此同时，经典理论研究代表作家詹森和梅克林的研究指出，在职消费最终会给公司带来危害，折损公司的价值，造成这种结果的主要原因是在职消费本身是由高管人员与股东之间固有的代理问题和利益冲突。而在十年后他们则认为上述问题可以得到缓解，在职消费的增加主要是由于公司现金流过剩投资不足导致的，而解决这类问题的良好方式是去举债或者改变公司的鼓励政策。后来雅尔玛进一步深化了这类问题，他指出在职消费是经理人的一项特殊权利，由于无人对这一消费行为进行监督和管理，该特权将很有可能会被经理人滥用，进而对股东利益造成不利影响。李焰通过我国公司的研究得出：假如一个公司的治理效果不好，则经理人将用更多的娱乐、差旅相关费用来填满本人的消费需求和欲望，进而损害了公司的绩效与利益。卢锐的研究结果表明，管理层的权力直接关系到在职消费的多少，而在职消费又通常与业绩负相关。盛明泉认为高管会利用其拥有的管理层权力来影响对他本身薪酬的制定，甚至去谋求更多的在职消费等隐性报酬。

(四) 高管薪酬结构与公司绩效研究述评

综上所述，关于薪酬结构中的货币薪酬、股权激励、在职消费，国内外学者对于其对公司绩效的影响研究，尚无完全统一的结论，这与他们所处的宏观、微观、行业环境等都有关系，并且与选择不同的研究样本、研究方法及关系的测量等都有关。同时，在这些研究当中，大部分学者都是据于研究高管薪酬结构中的某一种结构对公司绩效的影响，而影响某一种结构与绩效关系的因素又各有不同。因此，要达到使得研究结论具有更强说服力和代表性，本章在控制变量的选取方面会更多地考虑情境因素。

三、高管薪酬差距与公司绩效相关的研究文献综述

(一) 高管薪酬差距与公司绩效正相关的文献回顾

高管薪酬差距与一般薪酬差距不同，它主要是指组织中同级别高管之间的薪酬差距。而关于普通员工之间的薪酬差距与公司绩效之间的关系，我国学者代表张正堂很早就有研究，他的文章中将薪酬差距比拟成双刃剑，一方面可以提高员工的积极性，另一方面也容易导致员工之间的关系恶化，挫伤员工的积极性，起不到激励的作用，从而不利于公司绩效的提高。因此设计薪酬差距公司需要综合各类情形。后来更多的学者在研究高管团队之间的薪酬差距时，大都认为其与公司绩效之间是显著正相关的，如林浚清、陈震、黄维、余宏、代逸生、俞波南、王永乐等，同时也印证了锦标赛理论在中国上市公司的适用性，但要考虑到具体研究企业的性质。代表研究有，李绍龙的文章中结果表明高管团队垂直薪酬差异和公司绩效呈正相关关系，高管团队垂直薪酬差异和水平薪酬差异对公司绩效具有交互作用，同时加入了行业因素对薪酬差距的影响。国外学者若奥的文章中加入了女性领导这一研究热点，得出的结论显示总体来说由女性CEO领导的公司绩效较好，高管薪酬差距也更小，而由男性主导的公司薪酬差距则更大。由男性主导的公司，如果要求更高的绩效，相应的而薪酬差距也要拉大。实证研究表明，行为理论更适用于女性CEO领导的公司，而锦标赛理论则更适用于男性主导的公司。方芳等的文章中用了管理层权力理论、锦标赛理论作为理论技术，实证研究表明薪酬差距对于提高公司的绩效具有很大的助力。刘敏，冯丽娟认为拉大TMT内部薪酬差距可以调动公司的投资积极性，促进公司加大投资力度，扩大投资规模，进而提高公司绩效。

(二) 高管薪酬差距与公司绩效负相关的文献回顾

无独有偶,反对的声音依然存在,很多学者也认为增加高管薪酬差距反而会使得公司绩效变得更差。其中,海外学者阿克洛夫和耶伦、西格尔和哈姆布里克、弗雷德里克松均发现薪酬差距与公司绩效之间确实存在着负向关系。其中有的研究者着力于研究执行总裁与其他高管之间的薪酬差距对公司绩效的影响,同样也表明存在着负相关关系。弗雷德里克松利用大型公司的数据,建立在社会比较理论的基础上,对产生高管内部薪酬差距的过程和结果也进行了相关分析,实证表明薪酬差距反而会反向拉低公司绩效。

2007年,具有代表性的我国学者张正堂和李欣的文章利用我国沪深两市公司4年的数据实证研究高管团队之间的薪酬差距与公司绩效的关系,结果表明不管是薪酬差距的绝对额还是相对额都与公司绩效都存在着负相关关系。同年张正堂还有一篇文章对我国264家上市公司4年的数据进行了实证研究,结果同样表明,管团队薪酬差距对企业绩效具有负向影响。2008年张正堂的文章中也同样证明了高管薪酬差距对以 ROA 衡量的组织未来绩效存在负向作用。后来,周蓓蓓等据于上市公司数据行为理论的假说,实证研究结果同样表明高管薪酬差距与公司绩效存在负相关关系。除了锦标赛理论,还有学者运用了管理层权力理论来研究高管薪酬差距,同样也得出了其会使得企业投资无效率,绩效不升反降等结论。如学者黎文靖和胡玉明的文章实证研究了制造行业上市公司7年的数据表明,管理层权力会加大薪酬差距,高管之间的薪酬差距是对管理层权力的表现特征,不一定能激励高管;同时薪酬差距的大小直接导致企业投资是否有效,差距越大越无效。

(三) 高管薪酬差距与公司绩效文献述评

以上是关于公司内部薪酬差距与公司绩效之间正负关系的研究,不管是高管团队内部薪酬差距的定义,还是薪酬差异的垂直或者平行差异,绝对薪酬差距和相对薪酬差距都有学者研究,尚未达成一致意见,许多问题有待于进一步研究。不管是管理层权力理论,还是锦标赛理论、行为理论都可以在学者的研究中得到运用,显而易见,无论哪种理论都可以发挥作用。因此在解释高管薪酬差距对公司绩效的影响过程中，仅使用单一的某种理论是不够的。通过上诉文献研究，我们不难发现据于锦标赛理论基础的高管薪酬差距与企业绩效之间通常是持续正相关关系，而据行为理论为基础的却会得出相反的结论，如研究表明企业家的行为影响投资规模与投资回报率，而企业家的行为通常受到其报酬差距的一定影响，报酬差距过大，会折损公司绩效。为此，本章可以建立在综合现有理论的基础上，建立自己薪酬差距与公司绩效之间动态关系的后续研究。

四、文献述评

从现有文献回顾中我们不难发现学者们在高管薪酬对公司绩效的影响有了深入的分析，取得了一定的研究成果，但大多忽视了时间因素的影响，没有研究高管薪酬与绩效之间变动的时间差，也没有分析绩效影响的持续性。时滞效应是经济学领域研究的一个重要问题，广泛应用于货币汇率变动、政策实施等方面，在薪酬管理领域的研究相对较少，仅有少数学者在股权激励滞后性、薪酬差距对未来绩效的影响方面有较深入的研究。而且国内外学者大多是在总体上研究高管薪酬水平、薪酬结构、薪酬差距同公司绩效之间的一一对应的静态关系，但把三者系统结合起来研究其对当期公司绩效的影响，以及未来绩效的持续影响文章少之又少，因此本章在后续研究中将从现有文献的基础上找到相应的突破点。

第二节 高管薪酬对公司绩效影响的实证研究

一、研究设计与变量选取

（一）样本选取与数据来源

以下以沪深两市 A 股公司 2012~2015 年 4 年区间数据为样本，样本量为 4603 个，选择此区间作为样本既可以避免 2008 年后金融危机事件对公司业绩的干扰，又可以达到 3 期以上数据的稳定性。

上市公司对高管薪酬的披露是有相关要求的，但是由于在职消费相关数据属于自愿性披露范畴，有一部分公司数据严重缺失，因此剔除完全未披露在职消费的上市公司，并剔除其他财务数据严重缺失的样本公司。由于部分控制变量涉及公司高管特征以及董事会特征未尽详细披露，甚至不披露，因此在选取过程中为了样本完整性，剔除此类数据严重缺失的公司。

为剔除极值的影响，本章对样本数据进行了 Winsor 处理（极端值处理），同时考虑到样本量本身较大，对头尾进行了 0.5% 的 Winsor 处理，获取数据的时候也已经对通货膨胀进行了修正。

由于财务数据的异常，剔除 ST 公司和 PT 公司。

不少上市公司为了实现上市的目的，会有粉饰财务数据的行为，并在上市后短期内出现财务数据异常的现象，因此剔除 2012 前三年之内上市的公司。本章使用的统计软件为 SPSS22.0，数据来自上市公司年报及有关数据库。

（二）指标选取原因及相关解释

关于因变量绩效指标的选取主要参考近年来各类学者的相关研究。

1. 目前理论界使用比较多的 5 个指标

净资产收益率（ROE）：净资产收益率 = 税后利润 / 所有者权益。净资产收益率的综合性非常强，是杜邦分析体系的核心指标，其综合反映了公司的盈利能力、营运能力和偿债能力，体现的是股东财富最大化目标，是理论界衡量公司业绩很重要的财务指标。

每股收益（EPS）：每股收益 = 税后利润 / 流通在外的普通股。每股收益是衡量上市公司业绩的重要指标之一，它能较直观地看出普通股每股所代表的盈利性，是衡量公司绩效过程中常用的指标之一。

经济增加值（EVA）：经济增加值 = 税后息前利润（PBIT）- 资本占用成本（TCOC）。文献研究发现，当以 EVA 来衡量公司业绩时，能够充分的反映公司的市场价值。Hanlon 等指出，基于 EVA 的薪酬计划可以避免经营者的利润操纵。

总资产收益率（ROA）：总资产收益率 = 净利润 / 平均总资产。资产收益率将资产负债表、损益表中的相关信息有机结合起来，是业界应用最为广泛的衡量公司盈利能力的指标之一，是财务分析的一个重要比率。

托宾 Q：托宾 Q 值 =（公司股权市场价值 + 公司债权的市场价值）/ 公司总资产账面价值。国外理论界对于用托宾 Q 来衡量公司绩效还是比较广泛的，认为它能较好地反映公司无形资产与未来价值。然而在我国，由于股票市场的特殊性以及资本市场不够完善，导致股价并不一定能够如实反映公司价值与市场期望，限制了托宾 Q 指标在我国理论界的使用。

在综合前人研究的基础上，本章拟用 EPS、ROE、EVA 做主成分分析方法做综合评价之后得到的综合指标 F 来衡量公司绩效。同时在稳健性检验中采用 ROA 来作为被因变量 F 的替代变量进行相关回归检验，以验证结果的有效性。

2. 关于自变量的选取及相关原因分析

（1）高管薪酬水平

参考前文定义以及相关文献例如参考 Richard A.（1987）、唐松、周仁俊等的文章，见表 6-1。本节最后选用锐思数据库披露的所有高管薪酬的均值取对数作为衡量高管薪酬的指标。

表 6-1 薪酬水平定义文献来源表

研究作者	年份	采用方式
Richard A.	1978	用货币薪酬来衡量高管薪酬水平
唐松	2014	薪酬最高的前三名董事的薪酬总额的平均数
周仁俊	2011	用货币薪酬来作为高管薪酬水平替代指标

（2）高管薪酬结构

分别从货币薪酬，股权激励，在职消费三方面分析。其中货币薪酬的选取参考（1）；由于我国股权激励计划实施较晚，持股比例低、零持股的现象较为普遍，李增泉、魏刚认为根据公开数据并不能区分奖励股票与自购股票，本章选取了数据库披露的高管持股数均值取对作为这一变量的替代指标；在职消费则参考陈冬华等以年报附注中"支付的其他与经营活动有关的现金流量"项目中的办公费、差旅费、业务招待费、通信费、出国培训费、董事会费、小车费和会议费八项费用之和，为消除异方差，取对数作为上市公司高管在职消费的替代变量。

(3)高管薪酬差距(GAP)

主要参考前文定义,同时结合林浚清、黄祖辉、孙永祥、陈丁、张顺、陈震、张鸣、张正堂、卢锐、鲁海帆、朱永虹的研究,拟用董事长或 CEO 的薪酬与所有披露高管平均薪酬之差取对数。

3. 关于相关控制变量选取原因分析

股权集中度直接反映了所有者对公司的控制权,对公司的治理、内控等都有很大的影响,文章选取前 5 大股东股权集中度作为控制变量,将其对后续研究的影响控制住。

关于董事会结构中独立董事的比重,直接关系到高管是否能凌驾于内控之上私自设立自己的薪酬。而用财务杠杆衡量公司的资产负债率,更多的资产负债率关系到公司的长久发展以及未来的盈利和偿债能力等,将其控制住,有利于更清晰的明确薪酬与绩效直接的关系。

对于是否设立薪酬委员会这一控制变量,学者发现高管有时候也是薪酬委员会的成员,高管薪酬水平直接受到有多少高管人员在薪酬委员会中任职的影响。另一方面,安德森的研究选取了 50 名控制样本中同时在薪酬委员会任职的高管为研究对象表明,高管兼任薪酬委员会的人员收到的薪酬更少但是持股比例相对较高。在控制样本比较中,这类薪酬委员会做的事情确实更多,更能将高管薪酬与公司绩效联系起来。但是科尔表明内部控制和结构与高管薪酬之间仅仅有微弱的实证关系。因此本章参考前人研究将是否设置薪酬委员会仅设为控制变量。

选用两职兼任为控制变量,首先是由于 CEO 兼任董事早就吸引了学术界 20 多年的关注。并有克劳斯、史蒂文的研究都发现高管兼任降低了提供低薪酬给 CEO 的可能性。此外当薪酬委员会中有三个以上的其他董事,委员会规模是小于等于 9 人时,基于绩效考核的 CEO 们更可能收到低薪酬。李四海、江新峰、张敦力认为两职分离、两职合一可以实现公司层面的帕累托最优,于高管个人而言,是基于自身效用最大化的考虑。因此本章也将两职兼任设置为控制变量。

规模这一控制变量,参考西格勒选取样本中每家公司员工总人数取对数以此衡量公司规模。学者们一致得出的研究结果均表明公司的规模与薪酬水平成正比，一些外国学者研究发现公司规模与公司的利润率、绩效正相关。因此本章将公司规模作为控制变量进行相关研究。

公司成长性水平这一控制变量的选取，主要参考顾群、陈琪认为的公司成长性的衡量标准通常包括公司市场价值与资产账面价值的比值，或者研发费用与总资产价值的比值。由于这两类数缺乏较严重，总资产增长率、净资产增长率、主营业务收入增长率、营业收入增长率等替代性指标来表示公司成长性使用频繁。鉴于这些财务指标之间的高度相关性，本章同样使用营业收入增长率来衡量公司的成长性。

另外，对于控制变量的选取还参考了陆正飞等站在总体平均角度高管薪酬在国有与非国有公司之间没有显著差异的研究结论，因此本章暂不考虑股权性质。刘慧龙、唐松等都认为政治关联影响了高管薪酬与公司绩效之间的关系，政治关联容易导致国有公司薪酬过高或对非国有公司也有一定的影响。由于文章篇幅限制，本节不予考虑。

二、实证检验结果

(一) 描述性统计

描述性统计是从高管薪酬的三维薪酬水平、结构、差距与因变量的三个替代指标来展开的，具体给出了A股上市公司关于高管薪酬水平、薪酬结构中的货币薪酬、高管持股、在职消费的比例，以及薪酬差距、公司经济增加值、每股收益和净资产收益率等的平均数、中位数、标准差、最大值和最小值。高管平均薪酬水平的最大值为15.604，最小值为9.036，标准差也有0.724，可见我国A股上市公司高管之间的货币薪酬比例相差将近20%，高管平均持股比例不同的公司也相差甚大，最大值达到了41.9%，最小值也只有7.9%，标准差相对较低为5.7%. 可见在我国证券市场以及相关资本市场不同公司赋予高管的角色也是有很大区别的。在职消费是衡量薪酬结构的又一指标，其最大值高达52.6%，最小值也有27.2%，可见我国高管在职消费存在普遍现象，并且居高不下，标准偏差也十分小。至于薪酬差距，有正数有负数，可见在我国A股上市公司中并不是所有总经理或者董事长的工资都是异常高于其他高管的,甚至还有一些会低于高管薪酬的平均值,足见不同公司间的差异性。而关于可以衡量绩效的三个指标,EVA 和 EPS 的最大值和最小值相差都不是太大,都在可以解释的范围内。而净资产收益率,最大值达到了 1676.454,最低的竟有 -4447.78,可见我国公司间盈利能力也是千差万别的。

(二)相关性统计分析

在对高管薪酬与公司绩效的相关变量做回归和主成分分析之前,本节首先对各个变量之间的相关性进行检验。

高管薪酬水平与可以衡量公司绩效的变量 EVA 和 EPS 在 0.01 的水平上显著相关,与 ROE 在 0.1 的水平上也显著相关,且相关系数均为正,初步说明了高管薪酬水平与公司绩效正相关。薪酬结构中的货币薪酬与薪酬水平一致就不多做说明,另一结构高管持股也是与 EVA 和 EPS 在 0.01 的水平上呈正相关关系,但是与 ROE 之间的关系与相关但不显著。在职消费则与公司的三个衡量变量均显著正相关,相关系数也与 EVA 和 EPS 在 0.01 的水平上显著相关,与 ROE 则在 0.1 的水平上也显著相关。薪酬差距与公司绩效衡量变量间的相关系数分别为 0.063、0.029、0.011,与 EVA 和 EPS 显著正相关同时与 ROE 相关但是不太显著,可见薪酬差距在很大程度上都是与公司绩效之间存在着正相关关系的,也初步验证了相关假设。各个控制变量也与因变量之间存在着一定相关关系,因此在后续应该控制它们对因变量的影响。同时,我们还可以看到三个可以衡量因变量的 EVA、EPS、ROE,他们之间存在着显著的相关关系,这为我们接下来进行主成分分析,通过这三个变量提取可以衡量公司绩效的综合指标打下了良好的基础。

(三)动态影响回归分析

激励往往能持续作用于对象主体,高管薪酬作为激励高管的对象,对公司绩效的影响不止于当期,同时在现代经济管理领域,受系统环境以及政策传导影响,经济活动主体的计划、决策与行动往往需要一定的过程。经济变量的相关反应会因为人们日常生活习惯的延续以及技术条件或者制度限制而产生滞后现象。例如会出现自变量与因变量的变动关系不同步等,且这种不同步关系可能表现为滞后,同时还可能存在延滞或者是持续效应。这种效应在包含时间跨度的数据分析中表现得十分明显，因经济变量信息在行为主体上的传导到有所反应都是需要时间的，导致因变量对自变量的变化所出现的反应会出现延迟效应，也称为时滞效应。

在本节研究的高管薪酬对公司绩效的影响的问题上，从渗透到公司治理中的代理理论与综合激励理论可知，对高管的激励效果可能立即存在反应，也可能经过一段时间才能体现在公司的绩效中，即存在延滞作用和持续效应，这也正是本章研究的重点。对于公司绩效，由于经济运动或行为总会存在一定程度的惯性、连续性、循环往复性，因此在未来年份中采用前后期均值来保留此类效应，同时保留数据本身的动态性。

本节分别用当年的自变量对未来绩效这一因变量进行回归分析，以观察自变量对因变量的持续性影响，分别用高管薪酬与第二年的和更迭后三年平均的绩效来度量，因此公司治理相关的文献经常采用三年平均业绩来衡量长期绩效。

实验结果表明，模型的 F 值为 13.672，模型显著值为 0.000，这说明该模型是有效的，且该模型整体拟合度比较高，自变量可以解释 31% 的因变量。同时德斌沃森 DW 统计量值为 2.067，表明各维度之间并不存在显著的自相关。同时，具体分析如下。

当期高管薪酬各个维度指标对期后公司绩效的影响，其中高管高管薪酬水平的标准系数为 0.251，显著性水平为 0.006，表明高管薪酬水平每增加一个单位，都会使得公司未来绩效增加 0.251。

对于薪酬结构中的货币薪酬，实证结果表明，货币薪酬与后期公司绩效之间不存在显著关系，结合前面基于当期数据的回归系数，可以发现，货币薪酬对公司绩效的激励作用仅限于当期，表明仅有货币薪酬结构的激励措施不能够持续长久的激励高管，货币薪酬激励更多的是一种短期激励，对将来绩效产生的影响较小。

而高管持股却与当期数据中的结果截然不同，高管薪酬在当期数据的结果是不显著的，与公司绩效不相关。而在对未来绩效的相关性检验中，统计数据表明，前期高管持股每增加一个单位对未来绩效有 0.034，0.045，0.047 的影响，可见标准系数呈现逐步上升趋势,且相关性水平均在1%的统计水平上显著。这就表明,高管持股对未来绩效存在着正向影响,且这种影响在后期表现得更强烈,股权激励对公司绩效的影响具有滞后性。

在职消费的统计数据表明,每增加一个单位的在职消费,公司未来绩效将增加0.091、0.094、0.098个单位,且系数都在1%的水平上显著,其符号与假设一致,并且当期数据降表,标准化系数有所提高。说明高管薪酬结构中的在职消费可以提高公司的绩效并且这种影响具有持续性。

高管薪酬差距与未来绩效之间的统计数据结果表明,就递延一年的数据而言,薪酬差距系数在5%的水平上显著,每增加高管团队之间的现有薪酬差距一个单位,对未来绩效则提高0.036个单位,后面均增加0.039个单位。表明高管薪酬差距可以促进公司绩效的提高,并且这种作用会具有持续性。

第三节 基于公司绩效视角的高管薪酬设计的政策性建议

虽然实证结果表明我国A股上市公司的高管薪酬激励制度发挥了一定的作用,激励总体与绩效挂钩,总体来说还是令人满意的,但是,由于其中有不少的国有控股上市公司规模已经达到或者超出世界先进水平,并且借助国家政策的扶持和行业的垄断地位,达到财政部及相关部门制定的经营目标不是很难,这就可能对我们的结果产生一定的影响。因此,本文根据上面的研究结论分别从总体以及高管薪酬三维度(水平,结构,差距)等共四个方面展开提出对应建议。

一、完善薪酬激励机制

根据前文的研究结论,我们可以发现我国上市公司高管薪酬的激励机制已经发挥作用,但是还存在一定问题,有待完善。因此,首先要做的就是从总体上完善薪酬激励机制。完善薪酬激励机制可以从以下两个方面入手。

(一) 完善职业经理人市场

选择适合的代理人是构建激励机制的必要前提。如果想对公司的发展产生实质性的效果，那么必须要解决那些具备才能的经理人激励问题。随着经理人市场的竞争日益激烈，经理人的市场价值决定于经理人过去的业绩，经理人提高其未来收入则必须要提高自身市场价值，在现有的工作中努力付出创造更好的工作绩效以此来帮助自己在经理人市场建立良好的声誉。我国国企高管都带有很强的政府背景，因此在对企业经营不善的情况下，也还能去别处担任职位，这就是我国经理人市场尚未建立的表现。

经理人市场选择和评价机制的健全对于我国 A 股上市公司中的国有控股型公司来讲至关重要。针对这类企业的经理人问题一直是理论界和实践界讨论的热点问题。对高管人员来讲要产生隐形的激励效应必须要以完善经理人市场选择和评价机制为前提。在没有政府背景的 A 股民营上市公司中，家族裙带关系依然存在。因此锦标制度的引入能够将经理人市场合理地规划。具体为将所有的经理人在经理人市场注册备案，按照历史业绩进行和一定的权重进行评分并将所有人的成绩进行排序，在此进行的过程中按照一定比例进行评级有利于委托人在选择经理人时能够更好地设定薪酬标准。业绩最好的经理人最具有市场价值，应该获得最高级别的薪酬，以此类推。

综上所述，每个职业经理人要想获得更高的薪酬水平，必须通过努力工作并且做出一定的工作绩效去提高自己在经理人市场上的相对排名和等级，并且应当保证薪酬与经理人的绝对表现并没有关系。

(二) 完善独立董事制度

独立董事制度的完善通常可以监督核查薪酬激励机制是否完全发挥了效用。由于我国现今监控力度普遍来说不高，存在独立董事市场化专业程度不高及独立董事专业技能较低等现象。因此，独立董事制度并不能展现其独立的监督责任，更难以发挥由独立董事组成的薪酬委员会的作用。故而当前我国加强董事会独立性的必由之路需是推广独立董事市场化运作。为了推动我国薪酬委员会制度建立和发展，实现对独立董事的制约作用，我国必须要发展并加强独立董事市场化。

通过市场化竞争促进独立董事提高监管技能，并通过独立董事市场的声誉激励体制。

二、提高薪酬水平，建立薪酬委员会制度

建立薪酬委员会制度可以一定程度上提高薪酬水平设置过程的合理性，是薪酬内控管理的关键步骤之一。薪酬委员会的主要职责有进行年度绩效考评、制定薪酬方案计划、负责监督公司的薪酬制度执行情况、审核公司执行董事及高级管理人员履职情况。其中薪酬方案计划主要是考虑董事和高级管理人员管理岗位的主要范围、职责、重要性以及其他相关岗位的薪酬水平。组成薪酬委员会成员的人员主要是其他公司在职经理和董事、公司退休高管或是由其他商业管理经验的非执行董事，在此条件下，委员会成员既具有职业经理人经历又熟悉企业竞争环境。所以他们在制定薪酬制度标准下既能够把握外部市场薪酬动态也能和自己的薪酬进行横向比较，薪酬制定更能体现公平性原则。这种制定模式可以减少经理人因为薪酬不公而去损害股东利益的行为，还能够有效地避免薪酬过高或者过低现象的出现。

在我国的上市公司中会组成薪酬委员会的公司实际上较少，这是因为他们对薪酬委员会制度的了解和认知还不够全面。让上市公司在年报中披露薪酬委员会的构成、职能、运作等信息以及建立薪酬委员会是我国对现今上市公司的迫切要求。我国上市公司监管机构—中国证监会，应效仿美国证券交易委员会（SEC）的做法去推动薪酬委员会制度的建立和完善。值得关注的是，加强薪酬委员会的独立性是特别重要的，公司治理平衡的机制健全是薪酬委员会制度的实行。从目前来看，我国薪酬委员会的相对独立性比较弱且难以发挥其作用性，而导致这一结果产生的原因是我国上市公司的股权比较集中，董事会和经营层交叉现象较明显。因此，要想从根本上解决经理人权力膨胀等问题，合理的设置薪酬水平，充分发挥其对公司绩效的持续促进作用，就一定要推动公司治理改革，使薪酬委员会能够独立有效地进行运作。

三、完善薪酬结构，长短期激励相结合

我国 A 股上市公司高管薪酬结构中货币薪酬对当期公司绩效具有正向影响，但在对当期绩效的影响中，加入在职消费之后货币薪酬对绩效的这种影响会有所下降，而加入股权激励后发现与绩效的关系显著性明显下降，高管持股甚至与当期公司绩效不相关。但在对后期数据的回归结果中却发现，股权激励表现出了对公司绩效促进作用的滞后性，而类似于货币薪酬的短期激励的影响却不能够持续到下期间。因此，针对如何完善薪酬结构提出如下建议。

(一) 重视股权激励机制，充分发挥对绩效的长期作用

综上我们可以看出股权激励制度自建立并没有快速的发挥相应作用，而是表现出了滞后性。本节的实证结果也表明了它与当期绩效之间的关系不显著，对未来绩效却存在显著的激励作用，这与股权激励的特征是离不开关系的。股权激励相比货币薪酬等，属于一种长期激励，其分期授予和行权，以及存在禁售期或者设定业绩条款等都使得获得者会实施更有利于公司未来长期绩效的战略措施，减少短期行为。

因此，重视我国上市公司的股权激励机制的建立以及充分发挥其长期作用是我国急需改进的方向。与企业长期绩效挂钩的股权激励是对高管人员的长期激励，这既能够避免高管人员短期化的行为也能维护公司短期的利益，从长期来看这有利于公司走得更远发展得更加强大。2006年的股权分置改革为上市公式实行股权激励创造了完善的外部环境，它将我们带入了后股权分置时代。

高管即使持有股票也不一定能对其产生激励作用，因为在中国的资本主义市场的有效性还是存在一定的争议。占我国 A 股上市公司大部分的国有控股上市公司这一激励问题相较更为严峻，国有控股上市公司中的高管一般由政府直接任命，并享受行政待遇。部分高管受到官本位思想的影响并不看好年薪更多的收入来自于灰色收入和各种福利，并且他们的第一目标是政治目标就是所谓的升职。上面的种种原因都表明增加其经济待遇不能够很好激励他们，从而也会影响我们整体上市公司高管持股于公司绩效的关系。

针对此，解决此类问题的方法主要包括三个方面。其一，在促使其发挥作用的同时也要静观其效，给股权激励发挥作用的时间。其二，建立上市公司经理人聘用制。这样既能够减少国有控股企业的任命也能够减少民营企业的家族裙带关系任命，通过市场的机制来检验管理人员，用经济杠杆激励企业高管。其三，完善资本市场的有效性。通过完善资本市场为股权激励创造良好的外部环境，有利于减少股权激励为市场带来的潜在风险，也有利于股权激励的实施。

(二) 引入信用风险考核机制

虽然我们得出的结论是高管在职消费可以持续的激励高管从而达到公司绩效提高的目标，但是高管在职消费的问题并不是所有都能导致良性的后果，后期对其的规范及限制应该有所着重。我们不能简单地将公司业绩的提升归功于高管在职消费这种隐性收入对高管激励下产生的结果。综合很多的文献研究以及本书的论证可以发现，目前我国上市公司高管薪酬的管理方案中，大都是对高管的正向激励。然而公司高管在职过度消费就很可能会做出危害公司的行为，会给人民群众带来损失。因此要建立一定的惩罚制度，做到奖惩结合，这就要引入信誉风险考核制度，尤其是在评价国有控股上市公司的公司绩效和公司价值时，应该把高管在获得应提高绩效而带来奖励的同时因过度的在职消费等会给企业带来负面影响、给公众利益来的损失、造成国有资产流失等行为综合起来进行考核。而在其他上市公司则更多的是考虑在职消费给公司所有者带来利益资产损失的风险，并且这种考核结果最好是能够影响高管获得的收益以及未来能够享受的在职消费。

(三) 建立健全信息披露机制

高管薪酬结构的研究过程中，由于披露限制，高管在职消费的数据采用了一些替代指标来衡量，以及高管持股的数据无法判断是公司奖励还是自行购买，诸如此类的信息披露的缺失无一不在呼吁我国上市公司健全信息披露机制，使得信息更加透明公开化，尤其是国有上市公司。公司想要在金融市场长期稳步发展、为建立和实施激励约束机制提供可靠保障，信息披露制度的建立和健全就显得尤为重要。首先，上市公司内部应该设置一道防火墙，对信息披露进行严格的审核，并建立相应的责任追究制度，从源头杜绝虚假信息的发布和传播。其次，国家应制定并完善相关的法律法规，按照虚假信息披露给上市公司和所有利益相关者造成的不同损失程度进行处罚追责，甚至部分要上升到刑事处罚，这样能够在一定程度上提高上市公司对信息披露的真实性和准确性。

四、增加薪酬差距，建立高管竞争机制

综上所述，我们可以看出高管之间的薪酬差距竞争也能够促进公司绩效持续性的提升。因此，建立高管之间的竞争机制势在必行。高管之间的薪酬梯度化，参考事务所引用级别制度，例如，我国瑞华会计师事务所合伙人就有9级，不同级别高管之间留有晋升空间和薪酬差距，可以有效激励高管们更进一步的努力。主要领导人员薪酬的提高，毫无疑问可以激励其贡献于企业，同时也树立标杆作用。而薪酬差距过大，很多时候又会削弱其他高管人员的积极性，激励政策的完善性就要因此受到挑战。那么如何应对这种挑战，我们可以参考海尔的"人单合一"高管聘任新常态。这是一种海尔在互联网模式冲击下率先提出的高管聘任方式，同样也可以运用于高管薪酬差距的制定，采用与订单相结合的差距可以使得高管们更信服。人单合一模式的本质是始终遵循"人的价值第一"，追求让每个人的价值自主地得以彰显。采用这种全世界任何一种文化都能接受的竞争模式，也能够提高非主要高管人员的满足感，从而又可以用波特劳勒综合激励理论中的循环来解释其对绩效的促进作用。所以，不管是锦标赛理论，还是波特劳勒综合激励理论都能够很好地应用于高管之间的对弈，为高管的自身满足和工作绩效激励之间形成一个新的体系进而促进公司的发展。

综上所述，在我国A股上市公司的高管薪酬定制时，应坚持市场调节与薪酬内控管理相结合，坚持激励与约束相统一，坚持长短期激励协调，高管薪酬与竞争制度挂钩。从总体上看，以效率为基础，全面综合并始终以激励为目标的上市公司高管薪酬设计，才能够起到兼顾约束的作用，从而促进公司绩效持续提高，促使公司长足发展。

第七章 企业高管薪酬激励机制的构建与运行

第一节 企业高管薪酬激励机制构建的适宜环境

一、企业高管薪酬激励机制建立的微观环境分析

企业高管薪酬激励机制的微观环境主要是要建立相应的基础制度建设和完善企业内部治理结构。基础制度建设主要包括企业高管的有效筛选、岗位价值的评定、绩效考核与评估等。完善企业治理涉及外部治理和内部治理。外部治理是指来自企业外部如政府、中介机构和市场等主体的参与激励与监督,尤其是外部要素市场,如产品市场、资本市场和人才市场等主体对企业的制约监督作用。内部治理是企业内部流程所界定利益相关者间的权利分配和平衡关系的具体内部制度安排。有效的或理想的公司治理结构标准包括,第一是应能够给企业高管以适当的控制权经营管理企业,发挥其潜能,为其创新性地开展经营留有充足的余地;第二是从所有者利益出发对高管侵害企业资产时有迅速采取行动的权利。

二、企业高管薪酬激励机制建立的宏观环境分析

改革开放以来,我国经济、政治、文化、社会、技术等方面均发生了重大变革,这对企业高管薪酬激励机制建立和运行提供了有利的宏观环境条件,主要表现在以下几方面。

①完善了两个转型,对企业高管薪酬激励机制建立和运行创造了外部宏观条件。进入新的历史时期,我国经济体制由计划经济基本转换到市场经济,经济结构进行了重大调整。同时,我国由自然经济逐步转变为商品经济,商品经济逐步健全,要素市场得到不断完善,土地、资本、劳动力等生产要素基本实现了无障碍自由流动。市场在资源优化配置中越来越多地发挥着基础性作用,原有的薪酬制度失去了合理存在的环境,要求根本改革计划经济体制下的薪酬制度,促使企业高管薪酬激励机制的建立和运行必须摆脱计划经济体制的束缚,必须建立适应社会主义市场经济体制的薪酬激励机制,并按市场经济的客观规律来推进。

②经济全球化和信息化时代,对企业高管薪酬激励机制的建立提供良好机遇和挑战。经济全球化和信息化时代,机遇与挑战并存,这要求建立企业高管薪酬激励机制要逐步与国际接轨,薪酬激励本身要具有科学性,学习借鉴国外先进的薪酬理念和有益经验,吸取精华,更新观念,用现代化、时代化、规范化、系统化、精益化等新的理念来武装头脑,促使企业高管薪酬激励机制随着外部环境的变化而作相应调整。

③企业高管薪酬激励机制建立要求适当竞争。市场经济要求遏制垄断,鼓励适度竞争,适当的竞争才能产生一定的活力,企业高管薪酬激励机制必须具有一定的竞争性才能使激励变得更有效率,避免努力程度不够、搭便车等不良行为的发生。薪酬激励的竞争性通过打破静态均衡模式建立动态均衡模式使其企业变得更为有效。竞争对企业高管薪酬激励机制的影响突出表现在两个方面,一是市场竞争的加剧造就了企业高管的能力。看一个企业能否发展,最为关键的是看这个企业是否有一流的高管团队。随着竞争的加剧,企业高管能够在复杂的环境中驾驭企业,能够合理配置企业资源、调动优势去化解风险,其应变适应能力得到不断增强,高管的综合素质也得到提高。二是高端人力资源市场的存在造就了高

管的压力。高端人力资源市场的存在主要表现为三方面的功能,为企业投资者提供一个广泛筛选、鉴别企业高管候选人能力和品质的机制;保证企业高管得到公平的、体现能力和价值的薪酬;推动企业高管始终保持紧迫感和危机感,从而采取有利于所有者目标的积极行为。因而高端人力资源市场的存在造就了高管的压力。

外部经营环境(宏观)、产业(中观)、企业核心竞争力(微观)的变化,企业高管薪酬激励机制的构建涉及利益相关者利益的重新调整,能够相对公平地协调好各利益相关者的利益。否则,执行力再强,结果都很差。利益关系重新整合以及协调好利益相关者的关系是薪酬制度改革需要考虑的重点工作。企业薪酬激励机制建立的环境变化和面对收入分配领域出现的问题,企业、政府应该扮演何种角色,如何创建有利的环境来为企业高管薪酬激励机制的构建和运行提供条件是薪酬制度的工作重点。

三、企业高管薪酬激励建立的适宜体制条件

创造更多"蛋糕"和分好"蛋糕"都与企业高管薪酬激励机制有关,合适的机制比单纯的物质报酬重要得多,这不仅可以避免很多负面效果的出现,而且具有更为持久的激励作用。因此,企业高管薪酬激励的构建和实施,无不与体制条件紧密相关。一方面,结合中国"国情""行情""企情",根据面临的环境条件去构建具有中国特色的企业高管薪酬激励机制;另一方面,又要从实施效果出发,根据企业高管薪酬激励机制所需要的实施条件,努力营造好企业高管薪酬激励所需要的环境条件。

为减少薪酬激励机制构建和实施上的阻力,必须首先集中解决以下问题。一是委托者本身是否有动力,是否受到激励;二是委托者如何克服信息不对称问题,去选择合适的企业高管,高管要有能力去实现委托者的目标,如果选择高管不适合或能力达不到要求,再好的薪酬激励机制也是枉然;三是合适的代理者还需要在最适宜的环境中其潜能才能得到充分发挥,这就需要建立企业薪酬激励机制。

(一) 委托者的能力和自身积极性问题

现代企业理论对企业的剩余索取权与最终控制权问题作了阐述，认为企业的剩余索取权与最终控制权应该统一，即剩余索取权与投票权应该对应，如果最终控制权与剩余索取权不对应，就会沦为一种"廉价投票权"。这一原则体现在激励机制上，就要求决策主体必须承担一定的风险，并有足够的积极性来履行其职责。在国外的上市公司中，所有权和经营权分离后，所有者通过建立企业薪酬激励机制来对企业高管的行为进行规范、引导，以达到与所有者利益一致。作为企业高管薪酬激励的决策主体，虽然决策主体数量分散产生"搭便车"问题，使其决策主体本身缺乏决策的动力，并可能对决策后果不负责任或部分负责，但在股权较为集中的大股东尤其是机构投资者会有动力并对其决策后果负责。

企业解决代理者薪酬激励问题的首要前提是解决委托者的能力素质问题。委托者作为企业高管薪酬激励机制建立的决策者，其能力素质状况如何，是影响该机制有效发挥的重大问题。在委托者能力素质达不到要求的情况下，企业高管薪酬激励机制建立的决策往往会沦为形式，至少是不作为。企业高管薪酬激励问题涉及面宽，需要全面系统考虑，委托者如果不熟悉企业内外部环境条件，就不可能制定出合理的业绩考核目标；如果委托者不能理解企业各项经营数据，就不能从中发现问题，分析和解决这些问题就无从谈起；如果不能掌握现代企业薪酬激励的方法、工具、手段，也不可能建立起企业高管薪酬激励机制。所有这些，都要求委托者的素质和能力必须达到一定要求。

解决代理者薪酬激励问题的另一个前提，涉及委托者本身的激励问题，特别是对股权较为分散、国有股一股独大的企业尤其需要引起高度重视。仅仅通过完全与薪酬挂钩、委托决策主体分享剩余收益来解决委托者问题的办法，是不实际的。从产权制度层面讲，产权多元化的推进并引进战略投资者对解决委托者本身的激励问题，可能是一种较好的途径。尽管企业剩余收益不能完全与个人挂钩，却是完全与本产权组织利益挂钩的。作为某一产权组织的代表，必定要关心他所代表的那部分资产收益状况，从而会去考虑对代理者的激励约束问题，至少不会因一家委托者没有积极性而影响整个企业的制度安排。

第七章　企业高管薪酬激励机制的构建与运行

目前我国正在由计划经济体制向有中国特色的社会主义市场经济体制转型，转型期间，所有问题不可能一下完全解决，国有资本"所有者虚位"以及"委托者行政化"的问题也一样不可能在短期内完全得到改变，这是由国有资本固有的特征决定的。当然，我们应该辩证地看待这些问题，其实国有资本"所有者虚位"和"委托者行政化"并不全都是弊端。这一特征在特定情况下还具有私有产权所没有的优势。只是国有资本一旦处于绝对优势，产生"一股独大"的情况，其在与代理者关系上的固有弊端就比较容易显露出来。单一的国有产权不可避免地会扩大行政化因素。如果加以一定的制衡，通过产权结构多元化和引进战略投资者的办法，委托者积极性的问题是能够得到部分解决的。

同时，国有资本积极引入其他非国有资本实现产权多元化，鼓励各种机构尤其是民营经济参股，使国有资本和非国有资本形成相对制衡状态，各种类型资本间具有"平等话语权"，一旦形成这样的机制，国有资本"所有者虚位"和"委托者行政化"问题就可以得到有效的解决。按照这样的思路，除了涉及重大民生和关系国家安全的产业外，所有竞争产业的企业都应引入民营资本，即使上市国有企业也不应再保持绝对优势的国有资本份额，应进行稀释，各种类型产权相互制衡，产权达到多元化。这样"委托者"问题就能够较好地得到解决。在此基础上委托者主导建立的企业高管薪酬激励机制将兼顾委托者和代理者双方的利益。

(二) 企业高管的筛选

目前我国经济体制改革使企业薪酬制度发生了相应的变革，而对企业高管的筛选却没有进行相应的改变，高管选聘制度的滞后使薪酬制度在激励、约束高管行为方面的效力受到了制约。企业高管薪酬激励机制要有效发挥作用，对高管的选择至关重要。但就目前来说，很多企业还未建立起规范的企业高管选拔制度，不规范的企业高管选拔制度存在的原因是多方面的，包括选择范围的有限性、选择的标准不恰当、选择程序不科学等多方面的原因。如何选择合适的高管，既是困扰经济学家的一个理论问题，也是企业改革实践中的亟待解决的内在问题。两权分离的企业，企业所有者和企业高管存在委托代理关系，委托者和候选的高管两者间掌握的信息存在巨大差异，委托者如何根据应聘者的早期的"市场信号"

来构建企业高管选择模型,对企业高管进行早期甄选鉴别,使企业高管的能力等方面与高管的岗位匹配,使企业所有者选出的高管有能力经营管理好企业,避免因选择的高管不合适而对企业造成损失。

1. 企业高管早期"标记信号"指标的选择

企业高管职位对能力、素质、知识、性格等都有较高的要求,高管要能符合高管职位条件,条件达到了,才有可能创造企业的未来,这就需要早期筛选出准确反映企业高管能力、知识、素质、性格的"标记信号"。这些"标记信号"应具备以下特征,一是"标记信号"能在正式聘任前量化检测;二是"标记信号"能准确反映企业高管职位所要求的素质,这样才能提高企业高管选择的准确性;三是"标记信号"的量化检测成本较低。根据以上"标记信号"的特征,我们根据以下的"标记信号"来辅助选择企业高管,为构建企业高管早期选择模型奠定基础。

第一,知识水平的"标记信号"——学位。地球人口较多,现已突破70亿人口大关,数量庞大,其中不乏众多的"潜在高管"群体,只要选择方法得当,通过早期"标记信号"进行选择,提高选择的准确性,就可以为企业选择到真正合适的高管。愿意多接受教育的人常常知识水平较高,我国从学位来讲,最高学位是博士学位,通常博士学位的人愿意接受新的知识,知识的系统性和深度相对于其他学位的要高一些,学位基本上能反映出一个人知识水平的高低。通常学位的检测成本相对很低,作为一种知识水平的"标记信号"之一,可作为选择高管的早期"标记信号"之一。

第二,经营能力的"标记信号"——历史薪酬水平。卡森在1982年发表的《企业家:一个经济理论》中,论述了企业家是"擅长对于稀缺资源的协调利用作出明智判断的人",有企业家才能却没有资本的人为"不合格"的企业家。我国学者张维迎1995年发展了卡森的理论,认为资本是成为企业家的充要条件之一,一个人的经营能力强,为企业创造了价值,理所当然应该获得高的报酬。候选经营者对自身的经营能力比较了解,而企业所有者不十分清楚,他们中信息掌握的程度是不对等的,只有那些有兴趣从事高管这一职位并且历史薪酬比较高的人才是比较合适的企业高管候选人。卡森和张维迎的物质资本信号理论为解决高管的甄别问题提供了一种重要方法，显然作为高管甄选的早期反映企业经营能力"标记信号"也是适合的。

第三，岗位"标记信号"——相似从业经历。曾经在类似岗位工作的经验有助于其今后在类似岗位上发挥潜能，更好地在相似岗位上创造业绩。因此，企业所有者在早期选聘高管时，应该考察应聘者过去的类似从业经历，我们也可以把它作为选择高管的早期"标记信号"之一。

第四，预期价值"标记信号"——历史业绩。应聘者今后在其岗位上能否创造出相应业绩，需要对应聘者以前在类似岗位上的历史业绩进行考量。应聘者历史业绩与其能力、知识、素质等的关联度最大，故把它作为选择高管的早期"标记信号"也是非常合适的。

2. 企业高管早期选择模型的构建

高管的经营管理创新能力是一种人力资本，由于高管的劳动是复杂劳动，产出也要受到内外部环境的影响，人力资本的一个重要特征就是它的难以度量性，人力资本的质量需要用早期"标记信号"来进行选择。一般而言，通过多个早期"标记信号"指标，对应聘者进行初步选择，然后根据早期"标记信号"指标及权重对应聘者计算综合选择指数，按综合指数高低进行最终评判。应用生物学的早期"标记信号"辅助选择原理来选拔企业高管，其步骤如下所示。

第一，进行岗位分析，厘清岗位的各方面要求。

第二，根据高管岗位的各方面要求，筛选并确定高管岗位的早期"标记信号"指标。岗位不同，早期"标记信号"指标的选择也有较大的差异。

第三，根据高管岗位要求的因素重要程度，确定早期各"标记信号"指标的权重。应用德尔菲法即采用背对背的通信方式征询专家小组成员的预测意见，经过几轮征询得出早期各"标记信号"的权重，并确定权重的判断矩阵。

第四，计算应聘者的综合选择指数。根据早期各"标记信号"指标系数值和权重得出各应聘者的综合选择指数，其数学模型为：$A_n=K_1P_1+K_2P_2+K_3P_3+\cdots K_nP_n$。其中，$A_n$指应聘者的综合选择指数，$K_n$中$n$指标的权重，$P_n$中$n$指标系数值。根据各应聘者的综合选择指数值的高低排序，按综合选择指数从高到低进行筛选。

利用生物学选择原理可以防止选择时的偏差，根据高管的职位要求，把应聘者各方面的指标定量化，可根据具体企业不同发展阶段、不同战略、不同类型等具体情况来适当修正"标记信号"及其权值，做到比较真实、客观、科学、准确地进行企业高管的选拔和考核，尽可能减少传统方法掺入的主观判断，有利于尽早选择出最适合的高管。综合选择指数高意味着高管能力、知识、素质等与高管职位的匹配度高，也就是能岗匹配，有效避免高管的"逆向选择"问题，从而防止因高管选择不当而给企业带来损失。

第二节 企业高管薪酬激励机制设计

一、企业高管薪酬激励机制设计的前提条件

根据企业激励的一般过程为物质报酬、职务晋升（高管需求）→高管努力→业绩→目标→结果→新的需求（下一循环），在对企业高管薪酬激励机制框架设计之前，必须做好以下基础工作，即识别企业高管的需求、激励目标的设置、企业高管的产出（业绩）考核、业绩与激励的有效连接等方面内容。

（一）科学甄别高管需求

根据马斯洛的需要层次理论区分出低层次需要和高层次需要，低层次需要是缺失性需要，得不到满足会导致疾病或死亡，高层次的尊重需要和自我实现需要是生长性需要，一旦满足，外激励会转化为内激励，激励力会更强，因此，基于马斯洛的需要层次理论，低层次需要必须得到满足，但低层次需要得到满足之后不具有持续的激励作用，只有高层次需要才具有可持续增长的驱动力。企业高管的物质报酬满足后，逐渐转向对职务或职称晋升、声誉的需求，也就是说企业高薪需要由低层的需求上升到得到尊重、自我价值实现的高层次需求上来。

（二）企业高管激励目标的设置

设计一个有效的激励机制需要正确地进行激励目标的设置，这有助于对企业高管的工作起导向和提供动力支持的作用，有效的目标跟其他目标一样，应该具

第七章 企业高管薪酬激励机制的构建与运行

备可测量的、清晰的、可执行的条件,目标确立时还需具备一定的挑战性,要付出一定的努力才能达到,通常稍困难的目标比相对容易的目标更有激励作用。企业以追求利润最大化为目标,企业高管的个人发展目标与企业发展目标应一致或融合,在使其企业高管的目标绩效得到提高的同时,企业目标又能得到实现。

(三) 企业高管业绩的准确评估

企业高管的业绩是激励机制中比较重要的内容,业绩评估不仅是实施薪酬激励的前提,也是实行薪酬激励计划的依据。规范理论分析的焦点在于如何决定"薪酬—业绩敏感系数"(PPS)的大小。兰伯特和拉克尔认为最优的方案应是两者的平衡。因而企业应以"领先、创新、竞争"的思想建设高管团队,实行有期限合同和长期合同相结合的聘用制度,对聘期内考核不合格的高管采取负激励方式,即降职甚至解聘。

尽管以业绩作为企业高管薪酬激励的量化决定标准已经在国外很多企业得到切实有效地执行,但业绩究竟如何与企业高管薪酬激励结合起来,一直是国内外学术界和企业界重点关注的内容。最早从事这方面研究的是托辛斯和巴克尔,他们研究发现,企业高管薪酬和企业业绩之间仅仅存在较小的相关关系,这样一个结果令他们尤其感到意外,也促使之后的研究者对影响企业高管薪酬的其他变量进行深入研究。20 世纪 60 年代迈克盖尔、岂尤和艾尔宾用 45 家大型企业的样本检验了销售额与利润额与高管现金报酬之间的关系,研究得出高管薪酬与公司利润相关系数很小,而与公司规模相关系数较高。马森研究得出企业高管薪酬与公司股票价值正相关的结论,与迈克盖尔、岂尤和艾尔宾等的研究差异较大。赖威伦和哈茨曼也研究得出企业高管薪酬与企业利润的强相关的结论。西塞尔和卡罗尔也得出企业高管薪酬与企业规模、利润增长的正相关关系的结论。约斯考、罗斯和谢帕德研究得出企业股票价值每增加 10%,企业高管薪酬增加 9.3% 的结论,这与墨菲、高夫兰和斯米德的研究结论一致。阔尔和柯罗恩研究得出企业高管薪酬变动与持股 5% 的所有者虚变量负相关,与产业收益正相关的结论。从国外研究结果看,企业业绩与企业高管薪酬呈现正相关关系。

建立企业高管薪酬激励机制的目的在于在选对高管这一假设条件下,充分激发高管潜力，让其自我管理，自动自发，使其创造更大的价值。高管从事的是经营性劳动，其努力程度非常难以观察或者监督，即使要实施，付出的成本代价也是很高昂的，评估其具体的产出相对来说比较容易，怎样评估企业业绩来间接反映企业高管的努力程度，并最大限度地把企业高管薪酬与企业业绩关联起来，这直接影响着企业高管薪酬激励机制发挥的效果。因此建立科学的业绩评价体系是企业高管薪酬激励机制发挥作用的前提条件。本研究根据生物学有关原理来构建企业高管业绩评估模型。

1. 生物学表型值原理和育种值评估方法

生物数量性状的表型值是可以度量的，而育种值却无法直接度量。生物性状要从遗传上改良，使生产性能得到提高，就必须建立适当的数学模型来研究其性状的遗传规律。

(1) 表型值的剖分

根据生物性状的微效多基因假说，最简便易行的方法是将生物性状表型值线性剖分为基因型值和环境离差两个部分。表型值是由遗传效应和环境效应共同决定的，遗传效应是产生表型变异的内在原因，环境效应是表型变异的外部原因。影响生物性状表型值的环境效应，又可以分为系统性环境效应和随机环境效应两类。不同地区、不同场、不同年度和季节，以及营养、管理等差异带来的影响就属于系统性环境效应，或称固定环境效应，它是可以控制的，也可以通过适当的试验设计或统计分析方法进行估计，并对这些效应作出相应的校正。随机环境效应对个体影响，可分为持久性环境效应和暂时性环境效应，这类效应的影响虽然不能完全控制，但可以通过完善的试验设计尽量降低它的影响，并可以通过统计分析估计出它的影响大小。

(2) 表型值方差的剖分

在群体中，由于个体间存在差异，生物性状的表型值就存在变异。方差是度量变异的统计指标之一。根据方差的可加性和可分性，方差可以按其成因剖分。与表型值的剖分类似，对表型方差可作同样的剖分。当遗传与环境间没有相关时的方差剖分公式为：$V_p=V_g+V_e$。其中，V_p 为表型方差，V_g 为基因型方差，V_e 为环境方差。当遗传与环境间有相关时的方差剖分公式为：$V_p=V_g+V_e+V_{ge}$。其中，V_{ge} 为基因型与环境互作引起的方差。

(3) 育种值评估方法

在生物选种中，要剔除环境效应和互作效应影响，往往要估测育种值，以准确评估生物个体的遗传进展，提高选种的科学性。通常育种值评估可以采取两种方法，一种是通过估测环境效应和互作效应来间接评估其育种值；另一种是通过最佳线性无偏预测（BLUP）法原理来直接评估生物育种值。最佳线性无偏预测法是亨德森提出处理不均衡资料的混合模型方程组方法，亨德森于1975年和1984年将该方法应用于生物育种值估计中，形成了最佳线性无偏预测法。该方法在同一个混合模型方程组中，既估计出了固定的环境效应和遗传效应，又估算出了随机的遗传效应。

2. 企业高管业绩评估的理论问题

(1) 业绩的剖分

根据生物学机理，我们可以把观察统计到的企业业绩称为表观业绩，表观业绩可线性剖分为实际业绩、环境业绩、企业与环境互作业绩三部分。实际业绩是由企业高管自身努力创造的业绩，环境业绩是由于环境效应造成的业绩，互作业绩是企业业绩有关的"基因"与所处环境互相作用所造成的业绩。企业高管自身努力是造成各企业表观业绩产生差异的内在原因，环境效应是造成各企业表观业绩产生差异的外部原因，互作业绩是企业资源与能力等"基因"能否在最适宜的环境中的表达所产生的业绩。影响企业表观业绩的环境效应，根据生物学机理同样可以分为系统性环境效应和随机环境效应两类。在不同地区、不同企业、不同时间，以及各企业资源禀赋等差异带来的业绩差异就属于系统性环境效应，或称固定环境效应，它是可以控制的，也可以通过适当的分析方法进行估计，并对这些效应作出相应的校正。根据随机环境效应对企业业绩的影响，可分为持久性环境效应和暂时性环境效应，这类效应的影响虽然不能完全控制，但可以尽量降低它的影响。实际业绩是企业高管的真正贡献，对企业高管的业绩评价以表观业绩为基础，根据其实际需要，采用特定的分析技术来剔除表型业绩中的环境效应和互作效应，以最大限度地还原企业高管创造的实际业绩，这在垄断型企业中的业绩评价中尤其重要。

(2) 高管实际业绩评估问题的提出

在企业的所有权与经营权分离的情况下，企业所有者无法直接观察到高管是如何具体工作的，而只能观测到另一些变量，即企业的产出或业绩，但至少这种变量是由高管的努力程度、外部环境、企业与环境互作决定的。所有者应该以高管自身努力创造的业绩为依据来对高管进行奖罚，引导高管行为，通常企业报表上反映出的业绩是表观业绩，包含有环境业绩和互作业绩的"噪声"，通过什么方法和手段消除企业表观业绩中的"噪声"，本书通过生物学表型值和育种值原理建立企业高管实际业绩综合模型，以准确评估企业高管的实际业绩。

(3) 业绩评估的内在困难

首先，企业业绩是包括高管在内的所有成员共同创造的结果，这为企业成员偷懒和"搭便车"提供了可能，要准确测量每个成员的付出是办不到的。何况高管的劳动是复杂劳动，更难监督，即使要监督花费的成本也是巨大的，因此需要以其努力程度所创造的业绩为依据建立相应的激励机制，这需要对其创造的实际业绩进行准确评估。其次，环境和互作效应的存在使得企业表型业绩中还包含有环境业绩、企业与环境互作业绩。内外部环境因素的影响，表观业绩还不完全反映高管的能力和努力程度，还需正确评估表观业绩、环境业绩、互作业绩、实际业绩，以剔除表观业绩中环境业绩和互作效应的影响，这需建立一种科学的业绩评估机制，准确地判断高管真正的贡献，即估测其实际业绩。

3. 基于生物学原理构建企业高管实际业绩评估综合模型

从现实来看，基于生物学原理构建企业高管实际业绩评估综合模型首先是业绩指标科学选择问题，其次是如何评估环境业绩、互作业绩和实际业绩，只有这样才能对企业高管实际业绩进行准确评估判断。

企业高管业绩评估的质量高低主要应考虑以下几方面问题。一是业绩目标的选择应短期、中期、长期结合；二是业绩评价的内容应定性和定量结合，与业绩相关的信息尽量全面；三是业绩评价的方法应该科学和严谨。因此在考虑业绩目标时，应该考虑短期、中期、长期业绩，同时还应该考虑企业可持续发展目标，业绩评价不仅要考虑一些量化的"硬"指标，还应考虑一些有利于企业长远发展的"软"指标，同时要采取科学方法剔除环境效应和企业资源、能力等"业绩基因"与环境互作产生的互作业绩。业绩评价目标、评价内容、业绩评价方法等具有一致性，这些都便于不同业绩类型的企业或其高管进行有效比较。

业绩评估指标的选择依据米尔格罗姆和罗伯茨在《经济学、组织与管理》中提出业绩评估五原则，即信息提供原则、激励强度原则、监督强度原则、等报酬原则、棘轮效应原则，这为我们具体选择业绩评价指标指明了方向，要求在选择高管业绩评价指标前，首先要明确什么样的指标才是合适的，即合适的业绩评价指标应具备怎样的质量要求。这就需要高管业绩评价指标要反映企业战略关注点，高管业绩评价指标要能客观公正地反映高管业绩，高管业绩评价指标要具有可操作性。根据企业战略目标、企业不同生命周期、资源条件、产业、地区的差异可选择盈利、资产、市场占有率、优质客户数、债务风险等指标作为企业的业绩的评判指标，给予的权重也要根据上述条件不同而要有具体的差别。

根据生物学基因值评估方法建立企业高管实际业绩评估模型，可采取两种方法，第一种方法是根据表型业绩的剖分来评估企业高管的实际业绩；第二种方法是利用生物学的最佳线性无偏预测法来评估企业高管的实际业绩。

(1) 根据表型业绩的剖分来评估企业高管的实际业绩

企业的业绩指标 V_a 可采用下列等式 $V_a=V_1+V_2+V_3+V_4+V_5+V_i$ 来计算。V_1 是企业高管自身努力的结果，真实反映了企业高管所创造的价值；V_2 是外部环境影响形成的业绩；V_3 可能包含高管操纵问题，高管要求财务人员作"技术"处理的结果；V_4 是压低那些从长期看能够提高企业竞争力但会被视为经营成本的项目，如企业高管不注重员工的培训、新市场的开发、产品的更新换代、人才的储备等长期投入，基于会计业绩引发的高管短期行为，从而使显示的 V_4 业绩指标较高；V_5 是企业资源能力能否在最适宜环境中得到充分表达；V_i 是由其他因素形成的业绩，如靠垄断某个产业的形成的超额业绩。

根据表观业绩指标 V_a 等式，$V_a=V_1+V_2+V_3+V_4+V_5+V_i$，必须采取多种方法剔除业绩的环境"噪音",以准确反映企业高管真实创造的价值,这需要对企业历史、同类企业进行纵横比较等方法,对企业业绩进行价值评判。

第一,企业高管的实际业绩,可对照企业历史业绩。

历史对照又可称为纵向比较,它是基于对过去已实现的经营业绩的比较来判断当前业绩,可以反映企业自身的成长状况,一定程度上可以反映出企业高管的实际努力程度,但要防止"棘轮效应"。孟建民指出,纵向对比主要采取上年基数对比方法,因此增长率成为判定企业业绩的重要标准,业绩越好的企业往往第二年越容易被定下更高目标,而业绩差的企业或者业绩隐瞒越多的企业更容易制定比较低的目标,目标实现也就越轻松。在国有企业和股份较为分散的企业中,委托者如果没有足够的动力来合理制定企业业绩目标,委托者和高管之间就会产生"合谋"的可能,制定较低业绩目标,以达到自身效应最大化。历史比较法启示我们应该警惕这种现象的发生,并根据企业实际使其业绩目标定得恰如其分。

第二,部分环境效应的剔除,可引入产业相同或相似企业的业绩作参照。

引入产业相同或相似企业的业绩作参照也叫横向比较,它以产业相同或相似企业的业绩来确定某一企业的业绩状况。以同业标准来评价经营业绩,可以剔除因外部不确定因素(系统环境)对个别企业的影响,从而更好地使业绩与高管个人的努力联系起来。同一产业不同企业的经营业绩除了受企业高管行为和特有的外生因素影响外,也受到某些产业性共同因素(如产业的市场需求、技术进步等)的影响,这样,企业自身业绩指标就不是充分统计量,因为其他企业的业绩指标也包含着有关该企业高管行为的有价值的信息。如果其他处于类似环境的企业业绩也很低,那么该企业业绩低很可能是不利的外部因素。相反,如果其他处于类似环境的企业的业绩较高而该企业业绩低,就可能是高管不努力的结果。因此,将其他企业的业绩指标引入该企业的业绩评价中,可以剔除更多的外部不确定的影响。以同业业绩水平为标准评价企业实际业绩,可以过滤掉产业中的系统性环境效应,产业中企业样本数越多情况下剔除环境效应越准确。

第三,对于企业高管可能通过调整会计报表弄虚作假、行为短期化等形成的业绩需要通过规范管理加以消除。通过企业内外部治理结构的完善、现代信息技术手段，坚决防止和杜绝企业虚报经营业绩行为的出现。

第四，企业与环境互作效应的互作业绩分析分为两种情况。

情况一：不同企业在相同的外部环境条件下的企业与环境互作效应的互作业绩分析。

数学模型：$V_{ijk} = \mu + B_i + L_j + F_k + (BL)_{ij} + (BK)_{ik} + (LF)_{jk} + (BLF)_{ijk} + E_{ijk1}$

其中：V_{ijk}——第 i 企业在环境 j、环境 k 条件下的相应业绩；

μ——重复数相等时的总体平均数；

B_i——i 企业的效应；

L_j——在 j 环境下的效应；

F_k——在 k 环境下的效应；

$(BL)_{ij}$——i 企业与环境 j 的互作效应；

$(BK)_{ik}$——i 企业与环境 k 的互作效应；

$(LF)_{jk}$——环境 j 与环境 k 的互作效应；

$(BLF)_{ijk}$——i 企业与环境 j、环境 k 的互作效应；

E_{ijk1}——随机误差。

情况二：同一企业在不同外部环境条件下的企业"基因"与环境互作效应的互作业绩分析。

数学模型：$V_{jk} = \mu + L_j + F_k + (LF)_{jk} + E_{ijk1}$

其中：V_{jk}——在环境 j、环境 k 条件下的相应业绩；

μ——重复数相等时的总体平均数；

L_j——在 j 环境下的效应；

F_k——在 k 环境下的效应；

$(LF)_{jk}$——环境 j 与环境 k 的互作效应；

E_{ijk1}——随机误差。

有显著差异的效应，采用最小二乘均数间的线性对比进行多重比较。

根据表观业绩指标 V_a 等式 $V_a = V_1 + V_2 + V_3 + V_4 + V_5 + V_i$，得出实际业绩 $V_1 = V_a - V_2 - V_3 - V_4 - V_5 - V_i$，这样就能准确评估企业高管的实际业绩。

(2) 建立企业高管实际业绩综合模型

首先企业高管各项实际业绩估测后，确定各"实际业绩"的权重。通常可利用德尔菲法得出权重的判断矩阵，通过两两比较确定各"实际业绩"的权重，在确定各类"实际业绩"指标权重时应考虑企业战略目标、生命周期、资源条件等的差异。其次根据集团内部或同产业同规模企业高管各项"实际业绩"评估值和企业数量，建立起各项"实际业绩"指标的"业绩指标系数"矩阵。

最后，企业高管实际综合业绩评估模型的建立。根据各业绩指标评估值和权重计算高管的综合实际业绩指数，其数学模型为：$G=a_1h_1+a_2h_2+a_3h_3+\cdots a_nh_n$。其中，$G$ 指企业高管综合实际业绩，a_n 中 n 项实际业绩的权重，H_n 中 n 项实际业绩系数值。根据企业高管的综合实际业绩大小，对企业高管的实际业绩作出综合定量评判。

(3) 业绩与激励的有效连接

我们可以根据生物学表型值原理把观察统计到的企业业绩即表观业绩线性剖分为实际业绩、环境业绩、企业与环境互作业绩三部分，薪酬激励的依据是要准确评估企业高管为企业创造的实际业绩。本书采取直接评估和生物学最佳线性无偏预测法建立了企业高管实际业绩的评估模型，并将企业历史业绩、产业相同或相似企业的业绩作参照，形成企业高管科学的业绩评估机制，以此准确判断企业高管的真正贡献，对其业绩进行考评后，激励机制框架设计的下一步就是通过业绩与薪酬激励的有效连接。在业绩与激励的连接时，要用正激励去强化积极的行为，用负激励去惩罚消极行为。在 20 世纪 90 年代，企业忽视了业绩与激励之间的重要联系，最终无法将优秀的高管引进企业，即使引进来也难以留住高业绩者。因此设计激励机制框架时，使业绩与激励之间具有更强的相关性是非常关键的。

二、企业高管薪酬激励机制的设计原则

(一) 设计原则

企业高管薪酬激励机制设计的前提是确定其设计基本原则，原则是薪酬激励

机制设计的起点，对其具有指导的作用，从而确定其基本价值判断。企业高管是企业的稀缺资源，在其薪酬激励机制设计中，应体现机制创新，把握好以下四个方面。一是观念突破。设计中摒弃人力是成本观念，树立人才为资本的理念。二是有效的人才战略。薪酬战略要为实现企业人力资源战略作支撑，而企业人力资源战略要有助于企业总体战略的实现。企业人才战略方向正确了，就会达到事半功倍的功效。三是管理模式创新。避免零散的条块式、静态管理，应树立系统化、全过程的动态化管理，不仅要注重结果，也要注重过程控制。四是激励机制创新。企业高管薪酬激励机制建立，为避免企业高管被动接受，应让高管自动自发开发其潜能，以创造更大业绩。根据本书研究的基本理论，其设计原则如下。

1. 战略导向原则

企业高管薪酬激励机制的战略导向是指将企业薪酬激励机制的构建与企业战略有机结合，使薪酬激励成为实现企业战略的重要杠杆。我们可以把企业薪酬激励机制看作是一个相对独立的体系，可从不同角度使企业高管激励潜力得到发挥，这些不同角度可以认为是"薪酬激励包"，总体原则要能有利于企业战略目标的实现，可以把有助于企业战略目标实现的薪酬激励行为分成"红灯区""绿灯区""黄灯区"。"红灯区"是禁止踏入的区域，进入这个区域，薪酬激励机制自动发挥作用，高管行为就会受到惩罚。"绿灯区"是鼓励踏入的区域，进入这个区域，薪酬激励机制自动发挥作用，高管行为就会得到鼓励。"黄灯区"是企业高管可进可退的区域，进入这个区域，如果有助于企业战略目标的实现，企业就鼓励这种行为；反之，就惩罚这种行为。当然这要靠企业薪酬激励机制建立的灵活性来调控。

2. 以人才为本原则

企业薪酬激励机制设计的过程，人力资本增值的目标要优于财务资本增值的目标，一切围绕"以人才为中心、以人才为本、以人才为资本"原则，实现由"以事为中心"转变为"以人才为中心"，同时管理激励理论中关于激励的导向性原则、公平性原则、竞争性原则、及时性原则、联动性原则、适度性原则在激励机制设计时应予以考虑。

3. 参与原则和激励相容原则

设计的激励机制应满足参与的收益大于不参与的收益；讲真话和努力工作的收益大于讲假话和工作不努力的收益。同时设计的高管薪酬激励机制应具有可操作性。

4. 平衡性、系统性、动态性原则

设计要注意保持有竞争力的薪酬水平与控制高额的成本间进行适当平衡，同时也要注意薪酬结构各组成部分间的平衡。谋求高管薪酬激励要放到企业整个管理系统中去考虑，摒弃传统零散条块式的薪酬理念，立足于过程控制、未来预测，实现"结果考核与过程控制、未来规划"结合的动态管理。

5. 长期性原则

高管的知识和创造力是企业持续发展的根源，在设计企业高管薪酬激励时，需要注意高管在时间和物质上对其知识更新，这也是保证高管持续为企业创造价值的保障。

6. 科学性、简洁性原则

好的企业高管激励机制不仅要科学，还必须简洁。否则，难以有市场。科学性要求设计时要有先进的薪酬理念作指导，应用科学的方法、工具设计符合企业实际的方案。简洁性要求设计的激励机制不要过于复杂，简单明了，从保证激励机制的有效性。

此外，企业高管薪酬激励机制设计的原则还应体现公平性原则、竞争性原则、收益与风险对等原则等。

(二) 企业高管薪酬激励机制设计的总体思路

16世纪，英国经济学家托马斯·格雷欣发现，在双本位货币制度下，两种货币同时流通，假如其中一种货币相对于另一种货币发生贬值，两种货币实际价值就有差异，实际价值较高的货币，即"良币"，必然从市场上消失，逐步退出流通；实际价值低的货币，即"劣币"，将在市场上泛滥成灾，充斥市场，导致货币流通不稳定。人们称之为"格雷欣法则"，亦称为"劣币驱逐良币规律"。"格雷欣法则"是一条经济法则，在薪酬体系设计不佳的企业同样也会发生类似的情形。

我们对企业高管薪酬激励机制进行设计的目的，是使用好高管、留住好高管，使其为企业创造更大的价值，同样，需要避免发生"庸才驱逐人才"的现象。

企业高管薪酬激励机制要解决的重大问题是使企业所有者利益与高管利益统一起来，使高管的主观行为所追求的结果和所有者的利益高度一致，达到各利益相关者的利益协调一致。企业需要在战略指导下制定相应的薪酬战略，从薪酬战略角度，构建高管薪酬激励机制。因此，设计时关键要考虑业绩与薪酬水平、结构挂钩的问题。基于此，本书建立激励机制的首要前提就是对业绩的真实评估，据此来确定其薪酬激励组合。

三、企业高管薪酬激励机制设计的内容

企业高管薪酬激励机制包括薪酬激励主体、激励客体、激励文化、激励目标和薪酬激励支付五方面的内容。

企业对高管的薪酬激励主要包括货币报酬（薪水、奖金等）和权益报酬（内部持股）两种方式。企业高管薪酬激励架构设计，应考虑三个方面的基本内容，一是薪酬激励的主体问题，即谁是薪酬或权益报酬的决定者；二是薪酬激励的客体问题，即薪酬激励对象是谁；三是薪酬激励的内容问题，即薪酬激励的组合问题。

（一）激励主体

薪酬激励主体是薪酬激励机制的设计者和实施者（有时两者可能不统一），企业激励主体由企业的权力机构，即由股东大会、董事会来决定，有的企业还在董事会下设专门的薪酬委员会，专门负责企业的薪酬问题。

（二）激励客体

薪酬激励客体是激励机制实施的对象，同时激励客体不一定被动接受，可以事前、事中或事后与薪酬激励主体沟通，参与对薪酬激励机制的设计。薪酬激励的对象应该是对企业业绩影响较大的人。在现代企业中，激励的对象应该是各层次的代理者，各层次的代理者只有通过激励才会充分调动其积极性。

(三) 激励文化

薪酬激励文化是薪酬激励主体希望薪酬激励客体所形成的内在特质，是薪酬激励方向轨迹上激励目标的融合。激励文化在一定时期内会保持相对稳定性。当然随着时间的推移，即使激励主体和激励客体不变，激励文化也会发生改变，此时激励机制的质发生了改变，激励机制就需要重新设计。因此我们将激励文化作为激励机制的基本要素之一。

(四) 激励目标

激励目标可以认为是一个点，激励方向是一条线，而实际上薪酬激励主体对薪酬激励客体的激励是一个场，是空间的、多维的，同时，激励目标、激励方向和激励文化的稳定性是递增的，激励目标最具动态性，激励方向在一定时期内是一定的，但随着实践的发展，激励方向也会发生改变，激励目标是激励主体对激励客体进行评价的参照对象，也就是评价指标，是激励主体对激励客体进行奖惩的凭据。激励目标不是激励客体，而是激励客体产生的精神、行为、产量、服务等。

(五) 激励支付

激励支付是激励主体经过对激励客体的评价，给予激励客体精神、物质等方面的奖惩。比如某企业集团评选优秀高管，按照各高管综合业绩排序，设优、良、中、合格几个等级，其薪酬激励主体、薪酬激励客体分别是企业所有者和企业高管，薪酬激励文化是做"有业绩、有创新、可持续发展"的能者，薪酬激励目标是真实业绩，薪酬激励支付是不同等级的薪酬。

无论何种方式的激励，都至少包括两方面基本内容，一方面是劳动报酬，即基本工资、津贴和福利保险等；另一方面是劳动报酬外的激励性报酬，即风险收入、股息、红利、股票期权收入等。这部分报酬主要用于激发高管承担风险，追求企业的长远利益，它是高管人力资本价值的实现形式。在整个薪酬激励制度的安排中，这是一种终极激励手段。薪酬激励设计的意义并不在于如何确定这些薪酬成分的水平究竟有多高，而在于对这些内容的结构如何作出合理的安排。企业高管激励手段通常有物质激励和精神激励。

1. 物质激励

物质激励主要是指薪酬激励方面，企业薪酬激励必须体现收入层级原则。收入层次包含两层含义，一方面是拉开企业高层、中层、基层员工收入的差距；另一方面是高管的收入报酬是一个由一系列层级组成的"薪酬包"。最低层次即基本工资——维持因素；第二层次即奖金薪金——调动因素；第三层次即保障性薪金——保障因素；第四层次即股票——刺激因素；第五层次即期权——激励因素。薪酬激励要善于体现出各个层级的特性与差别，发挥每一个层级应用的作用，把高管的积极性充分调动起来。

薪酬短期激励方式如下。

（1）基薪

基薪是根据工龄、学历、经历、岗位等因素而制定的固定支付方式，其特征是固定性，是维持正常生活所必需的生活资料费用，相对基薪高低，体现对能力和素质的评价，但它仅能起到约束作用。

（2）奖金

奖金是与企业年度经营业绩和高管个人业绩相关的薪酬形式。与基薪相比，奖金具有动态性的激励作用，一定程度上可以对高管起到激励作用。

（3）年薪制

年薪制是指以企业一个生产经营年度为时间单位，根据企业规模和经营难度确定高管的基本收入，并按照实际经营成果浮动发放效益收入的薪酬制度，通常由基本年薪和风险收入组成。基本年薪与企业效益、规模、本企业员工平均薪酬等因素决定，按月结算；风险收入以基本年薪为基础，与企业业绩挂钩，年终结算。年薪制实质上是一种递延的薪酬，核心是把高管的收益与员工的收益分离出来，同时与高管的经营成果和经营风险挂钩，体现了高管责任、风险、利益相一致的原则，无疑具有较强的激励作用。

（4）债券激励

债券激励在企业初创期或企业优秀人才缺乏时使用尤其重要。

企业激励理论需要从经济学、管理学、心理学、生物学等多重视角来进行研究的，其激励问题是较难研究的课题，具体表现在以下几方面：①企业高管本身的选择就是一个非常困难的问题，如果选择的高管不合适，再好的激励机制都起不了作用。所以，企业高管激励机制建立的前提条件首先要选对人。②人选对了，假设企业高管激励机制也是比较好的，高管潜能发挥还涉及适宜的环境，潜能只有在恰当的环境中才能有一个好的激发过程，所以很难及时准确地用简单的考核指标来准确衡量其潜能的充分发挥。③简单应用企业高管的劳动成果即创造的价值来衡量其薪酬，但企业高管创造价值通常是多种因子非线性综合作用的产物。因此企业高管薪酬激励不仅要关注具体的激励手段方法问题，而且还需要关注企业高管薪酬激励的运行机制问题。现代企业所有者和高管之间、高管与员工之间由于信息的不对称、目标函数不一致导致委托代理问题的产生，传统研究视野较窄，往往只能算是"看山是山，看水是水"的线式思维，因而只能采用单一的、局部的、微观的薪酬激励手段和方法，忽视了企业高管薪酬激励问题的根本性、全局性、系统性，这样对于解决企业高管薪酬激励问题是徒劳的。真正要很好地解决这一问题，一是要有一套严格的高管选拔机制，选择出最合适的高管；二是要构建好最佳的企业高管薪酬激励机制；三是要有好的运行环境。这样资源、能力、环境能够很好匹配，配合力高，代理问题就解决了，就能以最低的成本来实现企业战略，实现资源的帕累托最优配置，绩效自然好了，企业所有者、包括企业高管在内的员工、客户、社会皆大欢喜，从而实现多赢的结局。具体来说，企业高管薪酬激励运行的经济机制应包括以下方面：①市场的逐步完善。主要涉及产品市场、要素市场及资本市场的不断完善，在市场经济实际运行中这三类市场皆为不完全信息市场，防止市场失灵需要结合政府适当调控，使市场信号能真实地反映企业的经营业绩和发展水平。②创造公平和谐的竞争环境。要充分发挥市场机制对资源的调节作用，同时需要政府规范和调节市场秩序，使其市场效率和公平问题能够得到合理的平衡，为企业高管薪酬激励机制的有效运行创建一个稳定、和谐、公平、宽松的环境。③企业内部环境的构建。减少信息不对称、解决代理问题和防止责权利不对等问题，使其所有者和高管之间、高管和部门经理间、部门经理和员工之间激励趋于相容。

薪酬长期激励具体方式如下。

(1) 期薪激励

期薪激励是一种递延的薪酬激励，可以延长高管激励时限，实行长期激励目的。这种方式以企业长期经营业绩为考核标准，不在当期完全支付，实行延期滚动计划，在完成业绩指标后第一年只支付一部分，剩余的递延支付，由企业建立为其核心员工在未来某个日期提供收入给付的计划，它的实施前提是在计划日期之前员工没有主动终止雇佣关系。高管与企业根据某种约定或安排确定受益权，到一定期限及满足一定条件后再由高管领取薪酬。股票期权从某种程度来说也可看成是期薪激励的一种方式。

(2) 股权激励

股权激励是一种资本化的薪酬制度，通过授予企业高管在未来一期限内，以一个固定的执行价格购买一定数量该企业股票的权利，持有股票期权与持有股票的激励效果有所不同，因为股权并不是真正持有股票，它代表一种权利而非义务，股票持有人可以选择行权，即以预先确定的执行价格购入股票，也可以选择不行权，即该公司的股票市价低于预定的执行价格，它是一种长期激励方式。股权激励产生于20世纪50年代，近年来在美国等西方发达国家得到广泛应用，其实质是通过市场为经理人员定价并由市场付酬。它是企业内部薪酬激励领域的重大制度创新和人力资源开发管理领域的管理创新，股权激励的实质意义是借助股票价格反映证券市场对公司业绩和成长力的评价。对高管股权激励就是让高管持有企业股票或股票期权，将高管利益与企业利益联在一起，使高管能够以股东的身份参与企业决策、分享利润和承担风险，激发高管的潜力，通过为企业创造更大价值来增加自己的财富，与企业形成利益共同体。

股权激励主要有高管持股、期股和股票期权激励三种方式。通常来讲，股票期权适用范围受到一定限制，最适合实行股票期权计划的是上市公司，尤其需要股票期权计划的则是高科技企业。股票期权激励是企业给高管按照约定价格和数量在授权以后的约定时间购买股票的权利，以企业股票的市价涨跌作为期末业绩评定的标准，如在约定时间股票价格高于约定价（行权价），高管就会行权，从而获取价差收入，如购得的股票价格继续上涨，高管还可以转让以获取增值转让收入。股票期权计划实施中，需要考虑五个基本要素，即股票来源、赠予条件、赠予数量、行权时间及行权价格和考核监督办法。

在世界500强企业中，有90%的企业建立了对企业高管的股权激励。美国规模较大的公司其首席执行官的股权为主的长期激励计划占65%。我国由于资本市场规模较小、证券市场有效性不够以及政策法律不完善，导致实施股权激励存在一定障碍。我国已经修改《中华人民共和国公司法》《中华人民共和国证券法》的部分内容，颁布了《国有控股上市公司（境内）实施股权激励试行办法》，为我国实施股权激励扫除了股票来源与期权问题两大障碍。完善的资本市场与经理市场是现代企业制度优势得以充分发挥的重要前提，纵观现代企业制度在世界各国的实践，以股份制为核心的现代企业制度作为一种企业组织形式，其优势的发挥必须依赖于成熟的资本市场和经理市场。现有的激励制度的具体实施只能建立在一种强式的有效市场假定上，而我国证券资本要素市场很不规范，要素市场价格信号的传递功能很相对较弱，股票价格失真现象比较严重，从而造成不能反映企业的实际价值和股权激励失去运行的保障的现象，因此要实现有效的期权激励制度必须进一步完善资本市场和经理市场。

2. 精神激励

精神激励是以满足人的精神需要为着眼点的一种内在激励方法，对于精神激励的关注最早始于1924~1932年梅奥的"霍桑实验"。精神激励通过一系列非物质方式来满足个体心理需要，特别是高管深层次的需要，激发出工作活力。精神激励与物质激励的关键区别在于它能从内心调动人的积极性，精神激励带来的成就感、荣誉感使高管产生很高程度的认同，并自觉与企业形成利益共同体，产生强大的凝聚力，即产生管理学中所谓的"内激力"。精神激励包括事业激励、声誉和地位激励、权利激励、竞争激励、情感激励、晋升激励、解职威胁激励、道德激励等。精神激励的理论依据主要有马斯洛的需要层次理论、麦克利兰的成就需要理论、麦格雷戈的Y理论和薛恩的复杂人性假设。

(1) 声誉激励

据调查，80%以上的企业高管对自己的社会地位不满意，因而提高企业高管的职业美誉度是对企业高管精神激励的重要方式。企业高管声誉既是其长期经营企业取得良好业绩的结果，又是其拥有的经营创新、管理创新、技术创新能力的重要证明。从代理关系来看，企业高管如果没有完全的剩余索取权，其机会主义行为就不可避免，高管对声誉的追求可在一定程度上弱化高管的机会主义行为，使声誉激励成为薪酬激励的有益补充。自亚当·斯密开始，经济学从追求利益最大化的理性假设出发，认为企业高管追求良好声誉是为了获得长期利益，是长期动态多次博弈的结果，由于契约的不完全性，所有者和企业高管履行职责是基于相互信任，而相互信任的基础是多次重复博弈，长期信任就形成声誉，从经济学视角企业就一直把声誉激励作为保证契约诚实执行的重要机制。在管理学中，声誉激励被认为是一种重要的激励手段，实质上是一种隐性的激励，有时甚至与薪酬等显性激励间存在替代关系。因此，要使声誉激励应用得恰到好处，问题的核心是如何很好地激起企业高管对声誉追求的欲望，使之行为朝着为企业创造最大价值的方向努力。

企业高管的声誉是其诚信的名片，声誉的显性性状表现在能力、知识等方面，隐性性状表现在道德品质等方面，良好的声誉可以使高管在未来获得较高的收入和较高的职位。高管的需求是多方面的，对精神上的需求较高，其中高管对声誉的追求可以满足这种需求。

法玛研究表明，在经理市场上，其市场价值取决于"声誉"，即使短期薪酬激励机制不完善，他们也会更加努力地工作，为的是在经理市场上获得良好的"声誉"，是为未来获得较高收入创造条件。霍姆斯特朗将法玛的上述思想模型化为"代理者市场—声誉模型"，认为声誉可以激励企业高管加倍为企业付出，至少在企业高管还未获得声誉之前。高管获取较好的声誉后，如果没有合适的薪酬激励机制，他就可能采取消极的行动，诸如搭便车、偷懒、以权谋私等行为。企业高管对声誉的追求最终要得到回报，如果回报不高或者与其不成正比，就弱化了高管对其声誉的更进一步的追求。声誉的追求有助于激励高管更加努力工作，并且期望在未来得到回报，但要产生激励需要依赖于要素市场的完善、高管较长的任职期限、合理的物质激励保障，如果以上条件不能满足时，声誉激励就会失灵，从而根本达不到应有的激励效果。

新中国成立后，我国的国情基本上称得上是"一穷二白"，人们生活水平普遍偏低，人们对奉献精神的追求能赢得一定声誉，对精神薪酬的追求也就成为一种次优的选择。市场经济的逐步建立完善，企业高管的声誉激励面临着挑战。首先是声誉激励与未来薪酬提高时间上的错位。声誉的获得是企业高管长期努力的结果，而未来薪酬收入的提高需要在建立声誉后一段时间才能获得。其次是缺乏声誉评价标准，即使获得了良好的声誉，未来也不一定获取物质报酬，从而使得声誉丧失了经济价值，企业高管追求声誉的动机也会大大减弱。这需要从增加声誉的"潜在价值"、声誉的追求与薪酬有效连接、建立声誉评价标准、增加高管的职业预期等措施来提高企业高管声誉激励的效果。

(2) 控制权激励

从企业的层级来分类，企业员工可分为基层、中层和高层。企业高管的薪酬可以认为是其获得经营控制权成果的回报。1932年伯利和米恩斯指出，现代企业两权分离，企业所有者由于自身条件的限制，在选择好适合的企业高管的前提下，把企业的实际经营控制权委托给企业高管，出现了所谓的"经理革命"，公司控制权问题也就引起理论界和企业实践者的高度重视，首当其冲的就牵涉到控制权配置与激励安排问题，控制权配置与激励安排也是企业治理的两个重要工具。控制权激励是通过授予企业高管特定的控制权以及选择对授权的制约程度，来激励企业高管行为的制度安排。控制权需要企业所有者和高管间建立彼此信任的基础，高管在缺乏企业所有者信任时，其控制权就会被收回。因此，与声誉激励相比，控制权激励的作用来得更直接，具有"釜底抽薪"的效果。

西蒙认为控制权就是一方拥有改变另一方行动的权利。论按照产权理论，企业的契约性控制权分为特定控制权和剩余控制权。早期的控制权理论根本没有区分特定控制权和剩余控制权，剩余控制权是由剩余索取权(剩余现金流的要求权)发展而来的。特定控制权是指在事前通过契约明确规定的那部分权利比如日常生产、经营、管理等权利,是决定在不同情况下如何行使的那部分权利;剩余控制权是指事前没有在契约中明确界定如何使用的权利,是决定资产在最终契约所限定的特殊用途以外如何被使用的权利。假设契约是完全的,特定的控制权当然就包括了所有权利,但由于人的有限理性和其他条件的限制,契约不可能囊括所有,必定是不完备的,这样剩余控制权的安排就显得尤为重要。企业控制权就是排他性使用企业资产,特别是利用企业资产进行产品研发、市场运营的决策管理权。而企业的所有者须把控部分剩余控制权,尤其是选聘、使用、监督高管以及重大项目的投资,即企业所有者有选择、使用、激励和更换高管的权利,而且视企业发展状况来增减投资的权利,无形中对企业高管形成有效的激励、监督和约束机制。企业高管所获得的控制权相当于决策管理权和部分剩余控制权,实际上高管的控制权可以归结为企业内部人力、物力、财力等资源的优化配置权,并把配置取得的成果更合理地分配的权力。

薪酬是高管努力和为企业创造价值后的回报,因而可以作为激励要素,同样把控制权作为企业高管的激励要素,授予与否、授予程度要根据企业高管潜力能够具体发挥到多大程度和预测高管能够为企业创造多少业绩为依据,控制权激励的强弱和是否有效取决于企业高管潜力大小和能够被授予多大的控制权间的匹配性。企业高管必须在其位,并不断保持其人力资本的相对竞争优势,否则,控制权激励效果就会减弱甚至消失。控制权能满足自我实现的需求,能够通过控制权来实现企业内外资源的有效配置,能够为企业创造价值,同时在高管其位享受职位消费,这实际上是一种隐性激励。如果企业高管凭借控制权来以权谋私,侵害企业资产,就会失去企业所有者的信任,企业所有者会作出判断,高管的控制权就被收回。"所有者代表机制""主要股东机制""用脚投票机制""破产机制""兼并机制"这五种机制来对企业高管所掌控的控制权实行制约,防止高管凭借控制权作出对企业不利的行为。

控制权激励强度取决于控制权与剩余控制权的匹配程度,企业治理的关键在于控制权的分配。剩余控制权有两种极端情况,一种是高管剩余控制权完全被剥夺时,高管需求的满足、声誉、物质薪酬都将下降,高管为此付出沉重代价;另一种情况是所有者的剩余控制权被高管全部剥夺,来自股东的制约力完全消失,高管的这些满足达到最高,最特殊的例子就是企业高管将所有的控制权即特定控制权和剩余控制权集于一身,此时控制权激励效应达到最大,实际上此时的高管已成为古典意义上的企业家(资本家)了,企业治理结构对其根本没有任何约束力,其行为只受到外部要素市场或市场竞争的制约。

控制权激励是一种事前激励和事后认可或惩罚的机制。它给予高管一定控制权,高管如果不作为,就不能为企业创造价值,那么,控制权会减少,甚至被完全剥夺。反之,控制权会增加,物质报酬、声誉也会接踵而来。

在计划经济体制下,国有企业控制权基本上是上级各主管部门来行使的。国企高管通常是上级任命的,任命不是根据业绩来决定的,主要是根据资历、人际关系、国企的稳定性等方面综合考虑的结果。一方面,控制权授予给高管,如果高管选择不当,能力缺乏,这样的高管没有能力用好这种权力,企业的业绩就不会因控制权问题得到改善;另一方面,高管的控制权显得不足,主要由上级主管部门控制,即使高管选择得当,这种制度安排也不利于有效激发高管的潜力,企业业绩同样存在问题。在两权分离条件下,所有者作为委托者往往游离在企业经营活动之外,是"外部人",而企业高管作为代理者成为"内部人","内部人"和"外部人"的目标函数不一致,内部人追求自身利益的最大化,有可能损害委托者的利益,这样会产生"内部人问题",它是委托代理条件下难以避免的一种现象。

现代企业高管作为代理者与委托者之间目标函数不一致、私人信息、信息不对称、风险不对等因素的存在,是导致"内部人控制"问题产生的原因,同时在我国体制环境下,"内部人控制"了导致许多问题的产生。而西方发达国家有成熟的要素市场、完善的企业内外治理结构、市场监管体系健全,已经较好解决了"内部人控制"这一问题。

体制环境不同,"内部人控制"就会呈现不同的特征,具体表现在以下几方面。第一,对高管的选择上,国企和垄断型企业是根据上级主管部门的任命,民营企业基本上是所有者说了算。它与西方高管是在人才市场竞争来产生不同,这就使我国企业的"内部人"在来源上更加具有"内部性"。第二,"一股独大"的国企和股权较为分散的企业,根据董事会"非常作为"和"完全不作为"两种极端情况,对应就是企业存在"超强控制"和"完全失控"。"超强控制"就是董事会过度干预,甚至超越自身职权范围;"完全失控"是所有者缺位,企业完全由企业高管控制。

"内部人"控制的格局下可能致使控制权激励失灵。"内部人控制"实际上是内部人掌握了特定控制权的同时,部分剩余索取权也被实际控制。在企业经营管理实践中,控制权激励失灵问题较为突出,具体表现在以下几个方面。第一,高管视其激励机制与控制权价值大小,可能导致侵害企业资产权益行为的发生。小到高管挥金如土、铺张浪费、不理性决策,大到大量侵吞资产。第二,高管选择机制不合理问题突出。企业应该本着公平、公正、公开原则选择适合的高管,但很多企业没有真正建立起选拔高管的机制,导致选择的高管不能胜任本职工作,处于负位状态,即使给予其更多控制权,对其激励的效果也是很差的。第三,缺乏客观公正的业绩评估体系。前面已经论述,对企业高管实际为企业创造的实际业绩不能被正确评估,造成企业高管短期行为,实行掠夺式经营,有的还弄虚作假,虚报利润,如果不能剔除外部"噪音",控制权激励的效果就会大打折扣。第四,我国企业高管激励与约束的不对称,弱化了激励效果。企业高管通常受到所有者、经理人市场、控制权市场的约束,但由于我国处在转型时期,这三方面的约束基本上形同虚设,根本没有起到应有的约束作用,因此如果仅仅注重某一方面,而忽视另一个方面,只强调激励作用,约束不足的矛盾就会凸显;反之,只强调约束作用,激励不足的矛盾就会凸显。激励与约束间如果不平衡,将会严重削弱激励或约束的效果。

根据以上分析,对于股份较为集中、结构过于单一的"一股独大"的国企,应该有计划有步骤地推进国有股"减持",适当降低国有股比重,使其股权结构更为合理,形成比较完善的公司治理结构,良好的公司治理结构是决定企业运作和发展质量的重要条件,避免"内部人控制"对实施薪酬激励的自我"暗箱操作"及负面影响。企业要按照"利益相关者"的思路,平衡企业内部权力结构,一定程度上形成对企业高管的制约，改变企业单边治理现状，实现共同治理，注重董事会和监事会的构成和比例问题，充分发挥董事会和监事会在控制权激励中的关键性作用。企业建立高管选拔机制，并对其创造的实际业绩正确评估，并据此为依据授予控制权大小，充分发挥控制权激励约束作用。

(3) 晋升激励

晋升激励是将员工由低一级职位提升到高一级职位，它相当于马斯洛需求层次的最高层次，采取晋升激励促使企业员工更加努力地工作。晋升激励之所以具有激励效果是因为一方面晋升意味着地位得到提高，高管的需求得到满足；另一方面晋升意味着拥有更大的职权，同时能够在更大的层面上取得绩效。

晋升对高管激励要求必须存在晋升的空间，不要碰到"天花板"，晋升瓶颈需要被打破。但很多企业存在传统的"官本位"意识，加上管理"职业锚"通道的影响，使企业高管在发展空间上受到约束和限制，促使高管将精力投入到管理职务的升迁上，同时高管要想薪酬得到提高，需要借助职务的晋升。对于不同类型的岗位，企业应建立不同的晋升通道，要防止"因人设岗"，巧立名目扩大企业编制。企业应该建立技术、管理两条晋升通道。第一条通道是技术通道，比如营销的，可以设置见习营销员、初级营销员、中级营销员、高级营销员、资深营销员。第二条通道是管理通道，同样以营销为例，有营销组长、片区主任、业务经理、营销经理、营销副总。相应建立"H"型的薪酬结构，技术通道的某一岗位的薪酬对应管理通道上某一职位的薪酬，形成"H"型的薪酬结构，如资深营销员对应销售副总的薪酬。这样，既避免了为了提升薪酬只能依靠职务晋升的唯一通道，也解决了晋升的瓶颈问题，技术通道永远没有"天花板"，理论上有无限个职位。晋升者的能力素质达到晋升职位的任职要求，才达到能岗匹配。晋升能在一定程度上克服因私人信息和信息不对称所导致的高管不作为问题，为了更好发挥晋升激励效果，首先要规范晋升途径，晋升必须坚持公平、公正、公开原则，以其实际能力素质与岗位对比，能胜任该岗位且该岗位与其能力匹配的才能晋升。其次避免高管行为短期化。但是在晋升成为高管激励的主要资源时，高管就不会拥有长期的职业预期，急功近利，对企业进行掠夺式经营，注重短期绩效,甚至财务造假,根本不重视培训、人才储备、技术创新和产品开发等现象也会出现。

(4) 成就激励

企业高管成就激励包括工作的挑战性、工作自主性、工作成就感。激励企业高管的工作兴趣,承担一些富有挑战性的工作,赋予高管充分的自主权,提供充足的资源,使其为企业创造巨大价值,从而获得成就激励。

(5) 工作环境激励

企业应为高管创造宽松、和谐、舒适、自主的工作环境,企业高管是运用创造性知识应用进行工作的职位,固定的工作地点、限定的工作时间、僵化的工作方式、教条的管理制度等都会影响其潜能的充分发挥。应根据企业和高管实际,为其创建一个舒心、和谐、自由、宽松的工作环境,鼓励创新,建设学习型组织。

(6) 道德激励

企业高管具有较高的职业道德有利于在企业内形成正确的价值观,树立崇高目标和追求卓越。

对不同的高管而言,物质激励和精神激励既相互作用,又有一定区别。物质激励有短期性的,诸如工资、奖金等,也有长期性的,比如股权激励、期薪激励等。精神激励有很多,包括声誉激励、控制权激励、晋升激励、成就激励和工作环境激励等。企业经营管理实践中,我们通常采用物质激励和精神激励结合的方式,物质激励旨在为高管提供一种经济上的满足,在物质激励的基础上,采取精神激励方式,精神激励有时激励效应更大,精神激励处于马斯洛需求层次的高层次,是以满足人的精神需要为着眼点的一种内在激励方法,相对物质激励来讲,它所产生的激励更为持久。

第三节　企业高管薪酬激励机制的运行及监管

一、企业薪酬激励机制的实施阻力、实施能力和化解思路

(一) 企业高管薪酬激励机制的实施阻力

从企业高管薪酬激励机制的制定到实际运行需要从构建到执行的转变，这种转变会遇到很多阻力，诺贝尔经济学奖获得者西蒙指出，企业薪酬激励机制的运行会遇到阻力，这些阻力主要来源于个人和企业两方面。个人方面主要有性格、习惯、感知、对权力的影响、对未知事物的恐惧等。企业方面主要有组织文化、组织架构的重新设计、资源的有限性等。企业高管薪酬激励机制的实施，涉及利益调整问题，必将遭到受损方的抵抗。

(二) 企业高管薪酬激励机制的实施能力

面对企业高管的特殊作用和地位，越来越多的企业更加注重怎样吸引高管人才、怎样使用好高管人才、怎样留住高管人才，而这不仅取决于一个企业良好的高管薪酬激励机制，而且也需要快速有效地实施激励机制。总的来看，我国企业高管薪酬激励机制实施能力不足表现在以下几个方面。

①重视制定，忽视执行。很多企业制定高管薪酬激励机制时，花费极大的资金和精力去请国内外咨询公司或专家学者，对其过分依赖，缺乏真正的思考，真正实施运行时，遇到阻力就不了了之，结果是实施效果极差。

②缺乏具体行动方案。机制要很好地转化为行动，必须要有具体的行动计划，这需要明确时间、部门、实施目标、奖惩方案，涉及责权利重新界定、资源的重新优化、利益的重新调整。

③缺乏配套制度的支撑。企业高管薪酬激励机制要得到有效运行，还需要诸如企业绩效考核制度等相关配套制度作支撑。

(三) 企业高管薪酬激励机制有效运行的思路

企业高管薪酬激励机制要减少阻力，使其得到有效实施，需要处理好企业、

企业高管、员工的利益关系，坚持以人才为本的理念，随着环境的变化要对薪酬激励机制作动态的调整，创建良好的运行环境，建立内外部支持配套方案，并加强领导，坚决有效执行。具体化解思路如下。

①企业高管薪酬激励机制要得到切实可行的执行，必须首先从制订方案开始。机制的建立，让激励对象参与到机制的设计中，通常人自己不易否定自己，自己参与设计后，不轻易否定自己制订的方案，从而使机制的执行力更强。

②对激励机制先培训宣讲。企业要求对建立的机制先进行培训讲解，使企业高管能够深刻理解机制的深刻内涵，对企业高管的疑问作出合理解释。

③创造良好的实施运行环境。实施方案应与企业文化、企业高管价值观吻合。

④建立内外部支持配套系统。明确企业绩效考核制度，搜集重要的有关薪酬信息，建立薪酬信息报告分析系统。

⑤发挥薪酬激励机制实施的领导作用。企业要营造支持激励机制实施的组织氛围，处理好企业高管与中层、员工的利益关系，适时对薪酬激励机制进行动态调整，强化对薪酬激励机制实施的领导作用。

二、企业薪酬激励机制的运行过程

企业高管的潜能要得到充分发挥，需要一个适宜的环境条件。因此，企业首先要解决企业机制问题，此时需要设计适合的企业薪酬激励机制。机制是一个变量，而当机制确定下来后，机制就成为一个规则（一个确定量），薪酬激励机制开始实施，并对出现的问题进行控制，对其效果进行评估，最后根据评估结果和内外部环境条件的变化对其薪酬激励机制进行修订，不断循环反复。

三、高管和员工间关系及高管薪酬激励机制对员工产生的效应

企业高管属于企业的核心人才，对企业战略目标的实现起决定作用，合理合法地保护其根本利益显得尤为重要。在建立企业高管薪酬激励机制时，要根据公平理论客观分析高管薪酬激励对员工产生的效应，避免负面效应，提高高管薪酬激励对员工的正面效应。

(一) 高管与员工之间的利益关系

我国企业高管与员工的关系相对较紧密,利益虽有一定差异,但更多体现的是共同利益,企业高管与员工之间的关系就犹如鱼与水的关系,但有时难免会有一些冲突。具体而言,高管与员工的关系体现在如下两个方面。

1. 目标一致性关系

企业高管和员工相对于企业所有者来说,都是企业所有者即委托者的代理者,只不过是具体分工不同而已,两者更多存在的是目标的一致性。从企业高管角度出发,其与员工的目标一致性表现在三方面:一是员工个人业绩的大小取决于企业高管对其的支持力度;二是员工为高管的生产经营决策提供了丰富可靠的信息和执行支持;三是基于长期分工协作下而建立起的"同志加兄弟"的密切关系。从员工群体的角度来看,其与高管目标一致性主要表现在就业效应和收入效应上。就业效应是高管正确决策加上强有力的执行力能够使企业得到快速扩张,规模扩大了就能够为员工创造更多更好的就业岗位。收入效应是高管决策正确加上很强的正确执行力所带来的新增利益,新增利益能够使员工得到分配,"蛋糕"大了,员工收入也会"水涨船高"。

2. 冲突关系

由于高管的责权利与员工群体间存在一些潜在的冲突,如果他们彼此间都不从对方角度思考问题或者为争取各自权益的方式欠妥,就会造成企业内耗,影响企业的发展。说得具体一点,这种潜在的冲突表现在以下几个方面。首先是角色冲突。高管为保证企业能够取得较高的绩效,在经营方向正确的前提下需要强化对员工的管理,对那些不利于实现较高业绩违反企业制度的员工实行负激励,造成企业高管与员工的矛盾冲突。其次是薪酬分配的冲突。高管和其他员工间如果存在不合理的薪酬差异,对企业团队凝聚力、个人的公平感以及企业业绩都会造成不利影响。由于受到计划经济时期企业平均主义分配的影响,员工物质报酬普遍偏低,实行市场经济以后高管和员工总体薪酬水平都得到较快增长,但员工薪酬水平增长速度远远不及企业高管,鉴于薪酬的敏感性,企业高管薪酬水平的较快增长对高管形成了强大的压力。而高管为回避这种显性的差距,只能通过隐性的职位消费来弥补寻求心理的平衡，但这种职位消费又会被员工认为是凭借特权实施的行为。可以说，高管和员工之间在分配上的利益冲突，既影响了有效的激励机制的建立，对企业合力的形成造成一定影响，又无形中形成内耗，这在国企中表现得尤为突出。

对企业高管来说，其任免权不是掌握在自己手里，时刻会面临巨大的危机，由于信息掌握的差异、外部环境的复杂性和高管自身能力大小不同，即使再优秀的高管也不能保证决策永远都不发生失误，但很多高管并没有企业的剩余索取权，这就决定了企业高管不可能像私营企业主（集企业所有权与经营权于一身）那样对企业的发展有着长远的预期，企业高管为求企业短期效益，免不了对长远利益进行透支，掠夺式经营不失为高管的一种理想的选择，一旦高管因所谓的"业绩突出"被上级主管部门或企业所有者提拔升迁，这样他们就可离开原来的企业，而把种种问题遗留给继任者来处理。但无论如何，员工总是高管短期行为或掠夺式经营的"牺牲品"。这种因预期长短不同而造成的目标不兼容也会使高管与员工群体之间存在潜在的冲突。

（二）企业高管不同的薪酬激励机制对员工群体的效应分析

鉴于高管在企业所处的核心地位，对企业业绩产生巨大影响，并决定本企业员工未来的薪酬水平。因此，在承认高管追求自身利益最大化的前提下，不同的薪酬激励机制会对企业员工群体产生不同的影响。以下我们将分析企业高管不同的薪酬激励机制对员工群体产生的效应。

1. 平均主义的薪酬机制

在这一薪酬机制下，企业员工要求与高管的薪酬均等，高管即使凭借自身努力获取较高报酬，员工也持反对意见，这要求高管不仅在显性报酬上与员工没有明显的差别，而且隐性收入包括职位消费上也要严格限制，完全追求内部所谓的"绝对公平"。在这种情况下，企业高管及其员工的"偷懒"和"搭便车"现象就会非常普遍，都希望坐享其成，这就是计划经济体制下的薪酬机制。在这种薪酬机制下，高管在企业内追求不到任何的经济利益，进而转向追求其他利益，比如过度扩大企业规模或内部的组织架构，在企业内使用权术以满足自己的权力需要；国企高管就努力追求提高企业所属的级别，从而改善自己的福利待遇；在企业内采取不计成本过度消耗资源，有的甚至通过"掠夺式"经营来提高企业绩效，寻求短期利益；企业高管一门心思放在向其主管领导展开人情公关，以实现职务上的升迁。这种报酬机制，不仅不利于员工薪酬的改善，反而会对员工长远的薪酬的提高产生不利影响。

2. 以职位消费为主的薪酬机制

由于高管显性报酬不足，企业高管可以通过畸形的职位消费来弥补，以此来寻求心理平衡，具体表现在以下方面。一是过度进行职务消费。为弥补显性报酬的不足，高管会在职位消费中竞相攀比，追求超高标准的消费，如超标准接待、昂贵旅游开支、超标准公款用车、进入高档娱乐场所等，而这些费用最终都由企业买单，企业资金有效利用率极低。二是洗钱。高管利用对企业的实际控制权，利用不合法的手段转移企业资产或利润，然后通过各种"合法"途径转移到其个人或亲朋好友的名下。三是寻求职务升迁。利用职位消费之便，通过行贿等不正当手段腐蚀主管领导，以寻求职务升迁。显然，这种报酬机制会对员工群体薪酬造成不利影响。

3. 合理的薪酬激励性机制

在这种薪酬激励机制下，企业高管的薪酬由高管实际创造的价值来确定，要想获得高的薪酬，必须为企业创造更大的价值，而业绩平平者只能得到低水平的薪酬，甚至有被解雇的危险。同时通过授予高管部分剩余索取权，使其能兼顾企业短、中、长期利益，并使企业、高管与员工的利益基本保持一致，有利于和谐企业的建立。

四、企业高管薪酬激励机制评价

企业高管薪酬激励机制是否适宜，是否能让企业高管的潜能在该机制下得到充分发挥，这需要对其作出合理评价。

(一) 评价原则

①目标性原则。评价一个机制好坏重要的一点就是看它有没有达到预期

目的，如果实际运行和预期结果有很大差距，就需要找出原因，并进行调整或修正。

②系统性原则。评价时应将被考评的机制纳入到系统环境中，不宜孤立地分析问题。

③利益性原则。评价机制的好坏主要看高管和股东利益是否一致，促使高管按照股东利益最大化选择战略和制定经营策略。同时将高管薪酬限制在能使股东利益最大化的范围之内，企业的激励、监督等成本降至最低。

④风险最低原则。评价薪酬激励机制时必须防范风险，化解风险，把风险控制到最低水平。

(二) 评价步骤

企业高管薪酬激励机制都需要有一套相对完整的评价指标体系，即对什么和对哪方面进行评价等。其具体评价步骤如下。

①筛选合适的评价指标。设计评价指标时要慎重，要抓住最本质的东西。各项指标应明确，相互独立、相互制约，各指标体系要体现较强的系统性，并根据具体情况对各指标进行权重设置。

②收集原始资料并对原始资料进行分类处理。收集企业高管薪酬激励机制自运行以来的经营业绩状况、企业成长状况、利益相关者的反应等相关资料。

③全面系统分析。运用不同的方法对各指标进行评价，对激励机制进行纵向和横向的全面分析。

④评价结果的检核。评价结果由于人为因素、方法偏差、主观误差等导致评价结果的错误，必须仔细检核，作出重复评估，在对薪酬激励机制进行全面考评的基础上纠正偏差，对激励机制进行修正。

(三) 高管薪酬激励机制具体评价

根据以上确定的评价原则和评价步骤，对企业高管薪酬激励机制评价要以企业价值、企业高管及利益相关者的利益为最终目标，具体从以下三方面对其进行合理评价。

①建立评价指标体系。评价指标体系在对象上不仅仅是企业高管，还包括企

业及其利益相关者；在时间上不仅考虑短期，还包括中期、长期；在评价内容上，不仅考虑利润指标，还包括风险控制，可持续发展指标。

②收集数据并分类处理。收集薪酬激励机制运行前后的经营数据、高管相关业绩、社会评价等资料，并分类处理。

③全面综合分析。企业高管薪酬激励机制的好坏取决于高管利益与股东利益的一致性程度、高管能否长期持续地为企业创造价值。

五、企业高管薪酬激励的监管

企业薪酬激励效果要能得到有效展现，必须对其进行有效的监管。现代企业的企业所有权与企业经营权是两权分离的，企业高管行为的控制是比较复杂的，有效的约束机制和激励机制是相辅相成的，科学合理的高管薪酬激励机制必然伴随有效的监督约束机制。况且委托者和代理者的目标函数不一致，监管就更有必要，监管一方面可以监督高管的行为是否"越轨"，另一方面还可以减少代理成本，提高企业价值。对企业高管薪酬激励机制监管的关键取决于建立企业权力的制衡机制。这需要做好以下四个方面的内容。

(一) 加强法律监督力度，加强社会舆论的监督

法律法规是规范企业高管行为的根本准则，是薪酬激励机制构建和有效实施的前提。目前，我国颁布的法律法规对企业高管薪酬的制约因素还没有得到较好的发挥，对中小企业投资者的保护程度还很不够，内部人员控制现象严重，决策失误没有相应的追究制度，内部人员侵占股东利益往往只承担较低的法律责任。因此，我国应该建立起适合中国国情的有关高管薪酬的法律法规体系，制定合适的高管薪酬激励的长效法律法规机制，并保证得到有效的执行，保障企业高管薪酬激励机制有一个适合的法律法规环境。

加强社会舆论宣传，避免高管"搭便车"或"放任自流"的不作为心态与行为，利用新闻媒体和社会公众的力量监督企业高管薪酬问题，使企业高管薪酬信息更加透明与公开。

(二) 薪酬委员会的构建

根据《中华人民共和国公司法》的规定和公司章程的要求，公司董事会是经营决策机构，也是股东会的常设权力机构，应向股东会负责。尽管董事会职责之一是聘任、解雇总经理和制定高管薪酬，但由于董事会受自身的专业水平、时间、信息等方面的限制，而企业高管薪酬激励机制的构建是一项敏感、复杂和需要细化的工作，涉及企业高管和企业的根本利益，因而将制定高管薪酬激励机制的决策权授权给董事会的次级委员会即薪酬委员会是一个比较好的选择。有研究者认为，薪酬委员会的存在可在一定程度上降低企业高管自定薪酬的可能性，确保企业高管与股东利益融合在一起。还有研究者发现，如果薪酬委员会有大股东（持股比例超过总股本的5%）或其代表存在，企业高管的薪酬和敏感性将会受到影响。董事会作为企业所有者的代表，是公司治理中一个重要的内部控制机构，有效的监督是董事会强制经营者按照股东利益去决策并进行经营管理，如果监督是有效和低成本的，那么管理激励是根本不需要的，监督的有效性取决于董事会与经营者的信息对称程度和董事会对经营者控制能力的强度两方面。董事会监督强度的影响因素主要决定于董事会的结构、董事会成员的来源和董事会成员持股比例等方面。某些企业高管薪酬激励关注的仅仅是高管薪酬的绝对水平，应该重点去看薪酬的支付是否客观、公正、合理。在英美等资本市场发达的国家，上市公司董事会都会下设一个专门的薪酬委员会，这样一方面使得高管支付的薪酬能够符合企业发展战略的要求，另一方面也使得为高管们支付的薪酬公平合理并且有竞争性。

薪酬委员会是董事会按照股东大会决议设立的专门工作机构，主要负责制定薪酬计划并最终执行薪酬计划，薪酬委员会是独立于企业高管的，它对董事会负责，有利于避免企业高管自定薪酬的问题。薪酬委员会成员的选择，可以是已经退休的管理人员、外部管理咨询顾问、学者、专家、律师、其他公司的管理人员等，同时，薪酬委员会成员中独立董事的比例是很重要的，独立性强更能体现高管薪酬治理的公平性和合理性。薪酬委员会设薪酬委员会主席、秘书各一人。

(三) 建立企业内部财务审计监督，控制隐形收入

财务审计监督要做到对企业的事前、事中和事后的监督，建立以经济责任审计为中心，规范企业会计制度和严格的信息披露制度，强化对企业的审计监督管理。

隐形收入对显性薪酬具有很强的替代作用，强化了薪酬激励的不规范行为，弱化了薪酬激励的有效性。企业应该实行在职消费货币化、严格执行预算管理等措施控制企业高管的隐形收入。

(四) 建立企业高管内部监督约束机制

企业激励和监督约束是一对"孪生兄弟"，只有两者平衡了，才能使激励和监督约束有效。而顾此失彼，就会造成双方都失去应有的效果。因此企业内部有效的监督约束机制是企业薪酬激励机制有效运行的基本条件。

1. 处理好企业的资本逻辑与共同治理逻辑之间的关系，发挥共同治理逻辑对企业高管薪酬激励机制的监管

提高企业的管理效率可以实行资本与高管共享企业剩余，企业所有者逐渐认识到仅仅靠薪酬策略激发企业高管有一定缺陷。这就要求处理好企业的资本逻辑与共同治理逻辑之间的关系，这不仅可以挖掘企业的效益，而且有助于企业高管薪酬激励机制的有效建立。

企业的资本逻辑是指在企业运行中把企业的资本产出效率看作是第一重要的，而把劳动产出效率看作其次，树立资本增值效率目标优于劳动产出效率观念。实行企业的资本逻辑，要求重新调整企业内部利益和权力，并且须在企业资本逻辑的框架内进行。高管分享的剩余收益应是靠持有企业的股份多少获得，而不是靠劳动贡献获得。

共同治理的逻辑强调企业的目标不仅仅是资本利益最大化，要权衡利益相关者的利益，共同治理逻辑承认物质资本和人力资本的产权，企业是物质资本和人力资本组合成的有机体，每个产权主体凭借其资本的使用而都有权参与利益的合理分配。

共同治理体现了激励与约束的多元导向，修正了传统的物质资本主权治理、

高管主导型治理和劳动雇佣资本的自治逻辑的缺陷，突破了股东至上、资本雇佣劳动的单边契约治理逻辑，同时将企业所有权在企业各利益相关者之间多元配置，激发各利益相关主体对高管的监督积极性，使其激励与约束之间达到平衡，从而提高企业治理绩效。近年来，管理层收购（MBO）、管理者股票期权（ESO）等股权激励就是共同治理逻辑在企业治理中的重要体现。企业治理结构主体多元化是现代产权内涵的逻辑延伸，它有助于对企业高管激励机制的监管。

2. 健全企业内部监控机制

所有者要权衡收益与监督成本之间的关系，选择最佳的监督力度，以寻求最优的净收益。在激励机制条件下，同样需要加大监督力度，以避免高管道德风险行为的发生，所有者要选择投入适当的监督成本，以期实现其收益最大化或代理成本最小化。国有企业所有者主体的缺位加大了内部人控制所带来的代理成本，企业高管作为利益相关者中的一方，其薪酬计划如何推行、实行的效果如何，与公司治理结构的安排密切相关。如果来自股东大会、董事会、监事会的约束较为松散，公司内部控制薄弱，高管权力会无限膨胀，那么高管就会倾向于滥用权力获取私人利益，既然可以轻易地操纵财物，方便公款消费，甚至将企业的资产方便地据为己有，又何必在意辛苦劳动所得的薪酬，这样，薪酬的激励作用就难以发挥作用，所以要强化股东大会、董事会、监事会等对企业高管的监督和制约作用。

3. 完善企业治理结构，强化监督机制的威力

第一，适当降低国有股比例。除关系国计民生以及关系到国家安全的产业外，其他竞争性产业中的国有股应当适当"减持"，适当降低国有股比例。第二，建立企业高管和董事会的选拔机制。第三，建立新型的职工持股会。职工股不同于公众股，它是以激励约束高管行为、促进高管与企业长期合作关系为目的的。第四，过于分散的股权应当集中。第五，实行其他监控措施。如实行稽查特派员制度、会计委派制和财务总监委派制、资本市场的监控、银行监督、中介机构监督等。

4. 外部要素市场的完善要有效

发挥其对企业高管薪酬激励的监督制约作用，以期发挥资本市场反映企业真实经营状况和高管的业绩，形成对高管的监督约束作用。经理市场可实行资源最优配置和评估高管身价的作用，任何过高或过低的高管价值定位都是短暂的，经理市场对企业高管的定价机制使企业在对其进行薪酬激励时有了具体的市场参考标准，在充分竞争的经理市场中，有能力而且尽职尽责的高管将得到提升，反之，将被驱逐出经理市场。产品市场的完善也有助于发挥企业高管薪酬激励的监控作用。产品市场包括商品、生产要素市场，充分竞争的市场使每个企业处于同一条起跑线上，有利于企业高管的公平竞争。

总之，有效监管是企业可持续发展的制度保障。构建完善的企业高管薪酬激励监管体系，最重要的是要充分发挥内外部各种条件，从宏观层面、中观层面、微观层面采取各种有效措施，一方面提升高管的激励效果，另一方面强化监管体系，提高监管水平，使企业得到可持续发展。

第八章 基于绩效视角的高管薪酬激励有效性研究——以五粮液公司为例

第一节 五粮液公司高管薪酬现状分析

一、五粮液公司简介

四川省宜宾五粮液集团有限公司，是全球知名的以白酒经营生产为主的特大型企业集团。其前身是由8家酿酒作坊在20世纪50年代初联合组建而成的"中国专卖公司四川省宜宾酒厂"，1959年改名为"宜宾五粮液酒厂"，1998年"宜宾五粮液酒厂"改制为"四川省宜宾五粮液集团有限公司"。宜宾五粮液股份有限公司由四川省宜宾五粮液酒厂于1998年4月份独家发起设立，始以发起人净资产投入折为发起人股24 000万股，经1998年3月27日在深交所上网定价发行后，上市时注册资金为379 597万元，总股本达32 000万股（其内部职工股800万股于公众股7 200万股）。公司全称为"宜宾五粮液股份有限公司"（简称五粮液公司），股票简称"五粮液"，股票代码为000858。五粮液集团与五粮液公司的关系为有实无名的母子关系，因为五粮液集团实际上并未持有上市公司的任何股权。五粮液公司高管的组成主要由党委委员、董事会成员及监事会成员组成，其中大部分高管身兼数职，如2016年年报中的高管陈林，其职务为董事、总经理、党委副书记、总工程师。2016年,公司总资产956.28亿元,营业总收入703.08亿元、利润100.29亿元、利税157.5亿元,出口创汇2.16亿美元,荣列中国企业500强第208位、中国制造业企业500强第98位。其中股份公司酒业板块,全年实现营业总收入245.44亿元、净利润70.57亿元,总市值达到1 727亿元。当前五粮液的品牌价值已达875.69亿元,连续20多年保持白酒制造行业第一。五粮液股票市值在全国酒类上市公司中排第2位,在四川省110家上市公司中排第1位(分红额也排第1位)。公司一直坚持"创新求进,永争第一"的企业精神,坚持"做强主业,做大平台"的发展战略,进一步做大做强酒业这个核心主业,使五粮液品牌价值得到不断提升,实现多元产业的优化调整,力争在"十三五"尽快实现千亿目标。

二、五粮液公司高管薪酬激励现状

(一) 五粮液公司高管持股的发展历程

五粮液公司于1998年4月27日在深交所上市交易以来,就以高管持股方式来促进公司发展。高管持股是指公司高级管理层所持有公司股份的情况,高管持股人数是指公司高级管理人员中持有公司股票的人数。下述表8-1主要统计了五粮液公司从上市到2016年19年中高管持股发展历程中的相关数据情况。表中数据展示了该公司高管人数的变化、高管持股人数的变化、高管持股人数比例的变化、高管持股数额占公司股份总额的变化以及高管每年最高持股数、最低持股数、平均持股数的变化情况,客观地反映了五粮液公司高管持股的发展历程。股权激励在企业经营管理中是激发员工动力的一个重要措施,但在五粮液公司中,由于五粮液公司上市时由宜宾五粮液酒厂部分优质资产改制设立,其他未上市的部分资产则被组建成五粮液集团,这就使酒厂完整的生产经营体系一分为二,形成了特殊的股权结构,宜宾市国资委对五粮液集团100%控股,而在五粮液股份中宜宾市国资委持股比例仅有67.04%。由于五粮液集团实际上并未持有五粮液公司的任何股权,这样就形成了五粮液集团对五粮液公司之间有实无名的母子关系,五粮液公司管理层的考核也只是在集团层面进行。由于五粮液高管团队长期

第八章 基于绩效视角的高管薪酬激励有效性研究——以五粮液公司为例

以来一直奉行奉献文化,高管持股激励计划只有在四川省和宜宾市有关部门的允许下才可以推行,但到目前为止相关政府部门没有相关股权激励的计划,因此五粮液公司高管持股激励计划颁布还需等待。

表8-1 五粮液公司高管持股的相关数据

年份	高管人数	高管持股人数	高管持股人数占高管人数比例	高管持股数	公司股数总额	高管持股数占公司股数比例	高管持股最高数	高管持股最低数	高管持股平均数
1998	14	12	0.857 1	61 100	320 000 000	0.000 190 938	8 700	2 800	5 091.67
1999	13	11	0.846 2	82 200	480 000 000	0.000 171 25	13 050	4 200	7 472.73
2000	13	11	0.846 2	82 200	480 000 000	0.000 171 25	13 050	4 200	7 472.73
2001	12	10	0.833 3	11 934	86 904 000	0.000 137 324	26 622	8 568	1 193.40
2002	11	9	0.818 2	167 872	1 129 752 000	0.000 148 592	34 609	11 138	18 652.44
2003	16	11	0.687 5	257 774	1 355 702 400	0.000 190 141	41 531	13 366	23 434.00
2004	13	9	0.692 3	421 702	2 711 404 800	0.000 155 529	83 062	26 732	46 855.78
2005	13	3	0.692 3	421 702	2 711 404 800	0.000 155 529	83 062	26 732	46 855.78
2006	16	10	0.625 0	494 391	2 711 404 800	0.000 182 338	97 183	1 000	49 439.10
2007	18	19	0.500 0	544 321	2 711 404 800	0.000 200 752	136 056	2 000	60 480.11
2008	20	10	0.500 0	544 321	3 795 966 720	0.000 143 395	136 056	2 000	54 432.10
2009	20	9	0.450 0	594 321	3 795 966 720	0.000 156 566	136 056	2 000	66 035.67
2010	20	9	0.450 0	594 321	3 795 966 720	0.000 156 566	136 056	2 000	66 035.67
2011	19	9	0.473 7	458 265	3 795 966 720	0.000 120 724	98 519	2 000	50 918.33
2012	22	9	0.409 1	550 666	3 795 966 720	0.000 145 066	98 519	2 000	61 185.11
2013	22	10	0.454 5	502 188	3 795 966 720	0.000 132 295	98 519	2 800	50 218.80
2014	26	13	0.500 0	512 188	3 795 966 720	0.000 134 93	98 519	2 000	39 399.08
2015	19	10	0.526 3	363 589	3 795 966 720	0.000 095 783	98 191	2 000	36 358.90
2016	18	9	0.500 0	281 070	3 795 966 720	0.000 074 044	98 191	2 000	31 230.00

从表8-1的数据可以看出,五粮液公司从1998年上市以来,高管人数在持续增加的情况下,高管持股人数却在大幅下降;公司在发展过程中,公司股份总额在逐年增加,而公司高管持股数占公司股数比例确在大幅下降。公司高管最高持股数与公司高管最低持股数之间的差距也比较大,那么针对五粮液公司高管持股的发展历程所展示的数据,基于公司绩效提升的角度五粮液公司当前高管持股激励的有效性值得去探究。

(二)五粮液公司高管货币薪酬激励的发展历程

五粮液公司既是上市公司,同时也是国有企业,其管理层薪酬主要是通过宜宾国资委的考核办法进行核算发放的。2010年以前,五粮液股份公司的高管薪酬是参照宜宾市国资委规定的工资标准执行的,当地工资标准为国企实行10 000~100 000万的年薪,最高工资不超过职工年收入的3倍。实际上,由于五粮液公司特殊的股权结构,在2010年以前五粮液股份公司的高管还按照集团的考核目标完成情况,从集团公司领取薪酬,他们从集团公司领取的薪酬往往数倍于五粮液公司,从而导致五粮液母子关系不清,导致五粮液公司高管薪酬激励作用不足。2009年12月23日,五粮液颁布的《关于进一步完善公司治理结构的整改方案》中,有一条规定是从组织和人事上将五粮液股份公司与五粮液集团公司分开,从此使五粮液公司高管走上了独立考核体系。五粮液公司为继续完善公司高管人员的薪酬管理制度,建立有效的激励和约束机制,使副职高级管理人员的经营业绩得到客观公正评价,推动公司持续、健康、稳步发展,在2014年8月28日发布《副职高级管理人员业绩考核暨薪酬管理办法》。到目前为止,五粮液公司除了董事长、总经理以外,其他高管已全部纳入绩效考核范围。副职高管人员薪酬基结构由基本年薪和绩效年薪两部分组成,公司副职高管人员的年度考核结果与其年度薪酬挂钩,年度考核以每个会计年度为一个考核期。年度考核得分=民主测评考核得分×30%+综合考核得分×70%。副职高管人员年度薪酬=管理者年薪×分配系数。民主测评从德、能、勤、廉、绩五个方面进行考核,分值满分为100分。由公司中层管理人员和职工代表对其年度工作情况进行无记名考核打分。综合考核对公司董事长或总经理对副职高管人员的工作能力、分管工作难度、分管工作业绩、工作配合程度等指标进行考核,该项分值满分为100分。年度考核得分的分配系数为90以上~100分(0.80)、80以上~90分(0.70)、70以上~80分(0.60)、60~70分(0.50)低于60分(0.45)。副职高管人员年度薪酬=管理者年薪×分配系数。

(三)五粮液公司高管薪酬激励存在的问题

1. 五粮液公司高管货币薪酬激励存在的问题

五粮液公司高管货币薪酬激励存在如下几个方面的问题。

(1)高管货币报酬极不协调的增长

根据数据显示,高管货币报酬极不协调的增长主要表现在:①1998年在主营业务收入增长率、净利润增长率、总资产增长率大幅增长的情况下，而当年的高管薪酬总额却在下降。②2015年在主营业务收入增长率、净利润增长率、总资产增长率都增长的情况下，而公司当年的高管薪酬总额却出现34.90%的大幅下降。

(2) 高管薪酬结构不合理且形式单一

五粮液公司《副职高级管理人员业绩考核暨薪酬管理办法》规定，副职高级管理人员薪酬结构由基本年薪和绩效年薪两部分组成。基本年薪是企业副职高管年度的基本收入，主要根据公司经营规模、经营管理难度、高管所承担的战略责任及其所在地区企业平均工资、所在行业平均工资、本企业平均工资等多因素综合确定，基薪按月发放。绩效年薪与经营业绩考核结果挂钩，以基本年薪为基数，根据企业负责人的年度经营业绩考核级别及考核分数确定，考核结果出来后，兑现绩效年薪。这种薪酬结构只是短缺激励行为，缺乏长期激励，短期激励将导致五粮液公司高级管理人员管理行为具有短期性，这样不利于公司的长远发展和综合竞争力的提高，会导致公司的战略和发展规划缺乏连续性和持久性。

2. 五粮液公司股权激励存在的问题

股权激励主要分为股票期权激励和股票激励两种。高管持股激励解决了委托人和受托人的利益不一致问题。通过查阅大量资料，阅读五粮液多年年报资料，五粮液公司在经营过程中，虽然高管从公司上市的当年都一直有高管持股现象，但是没有相关资料显示五粮液公司对高管有持股激励政策。从表8-1数据资料我们不难看出五粮液公司在高管持股激励方面存在的问题。

(1) 高管持股人数偏少

五粮液公司1998~2016年的数据资料显示，该公司高管持股人数最多的是1998年，14名高管中有12人持股，高管持股人数占高管人数比例为85.71%，高管持股人数最少的是2009年和2010年，高管人数为20人，持股高管人数仅为9人，高管持股人数占高管人数比例为45%。

(2) 高管持股比例偏低

五粮液公司1998~2016年的数据资料显示，该公司高管持股比例最高的是

2007年，高管持股数占公司股数比例是0.000 200 752，而在2015年和2016年，在公司持股总数大幅增加的情况下，高管持股数占公司股数比例却达到了低点，分别是0.000 095 783、0.000 074 044。根据统计，我国高管的持股比例平均为1.47%，五粮液公司高管当前的持股比例与我国上市公司高管的持股平均数有很大的差距。

(3) 高管之间持股数额差距大

五粮液公司1998～2016年的数据资料显示，每年高管持股数额中最高数额和最低数额的差距都很大。尤其是2008年、2009年、2010年三年中，最高持股数为136 056，而最低持股数只有2 000。

(4) 高管"零持股"现象普遍存在

五粮液公司1998～2016年的数据资料显示，每年都有高管"零持股"现象存在，尤其是在2006年以后，高管持股人数占高管人数比例都在60%以下。

第二节 基于绩效视角的五粮液公司高管薪酬激励有效性的实证分析

一、基于绩效视角的五粮液公司高管薪酬激励有效性研究设计

(一) 研究分析与假设

在报酬契约理论下，企业高级管理人员的报酬将由企业的综合绩效决定。因此，自利的公司高级管理人员将会有足够的动力来提升公司的盈利水平和股东利益来实现自身年度薪酬提升的目的。由于本文基于公司绩效视角来研究五粮液公司高管薪酬激励的有效性，所以提出五粮液公司高管人员的年度货币薪酬与企业的综合绩效呈正相关关系的假设。

根据委托代理理论，高级管理人员是风险规避型的而股东是风险中性的。当

第八章　基于绩效视角的高管薪酬激励有效性研究——以五粮液公司为例

高级管理人员不拥有对其管理公司的剩余索取权（即高管不持有所管理公司的股票）时，高管人员倾向于选择稳定收益的低风险项目避开高收益高风险项目给自己薪酬带来的潜在危险；当高管人员拥有其所经营公司的剩余索取权（即持有被管理公司的股票）时，他们会综合权衡风险性与收益性等因素进而做出使自己的薪酬水平得到充分提升的选择。本文基于绩效视角来研究五粮液公司高管薪酬激励的有效性，由于本文的高管薪酬为广义的，其包含高管持股，所以提出五粮液公司高管人员的持股比例与企业的综合绩效呈正相关关系的假设。

社会比较理论指出，人与人之间的社会比较主要是和自己类似的他人相比较。大量资料显示，公司经营中高管持股更有利于公司绩效提升，社会比较确实能作为一种企业内部驱动力，促进主体行为的发展和改变，从而作用于社会经济。五粮液公司高管之间的社会比较，以便形成积极向上的内部驱动力，促使公司绩效综合提升。本文基于五粮液公司高管部分持股、部分不持股的现状，提出五粮液公司高管持股人数与企业的综合绩效成正相关的假设。

对于以上三条假设，任何一条假设成立均说明该因素对公司绩效存在明显激励作用，当任何一条假设不成立时，均说明该因素对公司绩效不存在显著激励作用。本文认为上述假设中的三个因素是相互独立、互不影响的，本文在后续研究中将通过共线性检验来进一步说明三者的相互独立性。

（二）研究模型构建

1. 指标选择和变量设计

（1）因变量

由于企业绩效是一个综合性变量，用单一指标不能准确反映企业一段时间内的绩效，所以我们在研究五粮液公司基于绩效视角的高管薪酬激励的有效性时要尽可能采取多个指标作为被解释变量，构建综合的绩效衡量指标，以便使结论更为合理。本文以总资产利润率（ROA）、资产负债率（DAR）、总资产周转率（TAT）、可持续增长率（SD）四个指标分别代表企业赢利能力、财务结构、营运效率、可持续增长率四个维度进行衡量，为此，本文先用熵值法求得各维度的权重。

所谓熵值法是一种客观赋权方法。按照信息论基本原理的解释，信息是系统有序程度的一个度量，熵是系统无序程度的一个度量，如果指标的信息熵越小，该指标提供的信息量越大，在综合评价中所起作用理当越大，权重就应该越高。熵值法的基本思路是根据指标变异性的大小来确定客观权重。它通过计算指标的信息熵，根据指标的相对变化程度对系统整体的影响来决定指标的权重，相对变化程度大的指标具有较大的权重，此方法现广泛应用在统计学等各个领域，具有较强的研究价值。

熵值法是对系统状态中不确定性的一种度量，通过熵值法得到各指标的信息熵，信息熵越小，无序程度越低，指标的权重越大。

本书通过Excel对总资产利润率（ROA）、资产负债率（DAR）、总资产周转率（TAT）、可持续增长率（SD）进行熵值法赋权，由于数据标准化后存在负数，故在求的过程中，进行了平移的处理。

为了保证数据的可靠性，本文计算该权重时，选取了所有酒类上市公司共31家，自上市以来剔除缺失数据共得到519样本，与五粮液公司自1998年～2016年共19年数据为样本作为对比，最后求得各指标的权重如下表8-2所示。

表8-2 以熵值法求得各指标权重

变量	总资产利润率	资产负债率	总资产周转率	可持续增长率
519个样本	0.576 0	0.045 3	0.276 2	0.102 5
19个样本	0.205 9	0.487 9	0.127 1	0.179 1

可以求出五粮液公司综合绩效指标为表8-3所示。

表8-3 五粮液公司1998～2016年综合绩效

年份	产业加权绩效	自身加权绩效	总资产利润率	资产负债率	总资产周转率	可持续增长率
1998	0.513 7	1.027 4	0.201 7	0.356 6	1.026 0	0.095 1
1999	0.487 0	0.974 0	0.165 6	0.382 4	0.844 3	0.366 4
2000	0.445 3	0.890 6	0.167 0	0.306 4	0.859 3	0.317 1
2001	0.387 4	0.774 7	0.122 1	0.296 9	0.709 1	0.177 2
2002	0.385 6	0.771 1	0.085 2	0.267 1	0.785 8	0.131 6
2003	0.379 8	0.759 7	0.085 2	0.270 7	0.766 5	0.077 4
2004	0.358 9	0.717 9	0.094 2	0.252 4	0.714 8	0.144 1
2005	0.329 9	0.659 8	0.083 1	0.231 8	0.667 6	0.077 0
2006	0.329 1	0.658 1	0.114 1	0.197 3	0.714 7	0.139 7
2007	0.293 0	0.585 9	0.127 3	0.168 1	0.633 3	0.180 6

第八章 基于绩效视角的高管薪酬激励有效性研究——以五粮液公司为例

续 表

年份	产业加权绩效	自身加权绩效	总资产利润率	资产负债率	总资产周转率	可持续增长率
2008	0.270 9	0.541 8	0.135 6	0.151 2	0.587 8	0.167 1
2009	0.348 9	0.697 8	0.166 3	0.300 7	0.533 8	0.248 0
2010	0.383 4	0.766 9	0.159 1	0.359 5	0.542 0	0.229 1
2011	0.390 9	0.781 7	0.173 3	0.364 7	0.551 4	0.237 3
2012	0.377 8	0.755 7	0.228 4	0.303 4	0.601 2	0.301 3
2013	0.275 0	0.550 0	0.188 6	0.161 1	0.560 1	0.180 7
2014	0.218 5	0.437 0	0.130 5	0.130 9	0.452 7	0.103 4
2015	0.220 0	0.439 9	0.122 0	0.156 1	0.412 2	0.082 3
2016	0.253 8	0.507 5	0.113 5	0.224 7	0.394 8	0.081 7

无论是采用31家酒类上市公司的519个样本进行靶值加权（简称产业加权绩效）而得的绩效走势图，抑或五粮液自身熵值加权（简称自身加权绩效）所得的绩效走势图，其走势和转折时点一致，在2008年之前，五粮液公司的绩效随着我国市场经济的发展呈现衰退走势，自2008年五粮液公司开始进行公司治理结构改革，进行高管激励制度改革后，其绩效随即呈上升趋势，直到2012年出台八项规定后，"三公消费"受限影响，致使白酒市场进入下滑通道，白酒类公司绩效普遍下滑，2014年8月28日，五粮液公司《副职高级管理人员业绩考核暨薪酬管理办法》的出台，标志着五粮液高层薪酬改革走上破冰之旅。新的考核机制分为民主测评考核和综合考核，为公司高级管理人员的经营业绩建立为了较为有效的激励和约束机制，推动公司持续健康发展，从而让五粮液公司绩效又反转回升。

（2）自变量

由于本文以广义的高管薪酬来研究，所以自变量由两部分构成，即高管货币性薪酬和高管持股。

本节在高管货币报酬方面，通过高管货币薪酬占公司主营业务收入比进行考量。

高管货币薪酬占收入比＝高管货币薪酬总额／主营业务收入

本节在高管股权激励方面，主要从两个方面进行考量，其一是以高管持股人数维度；其二是高管持股比例维度。

高管持股人数比例＝高管持股人数／高管总人数

高管持股比例＝高管持股数／公司股本总数

(3) 控制变量

为了更准确地探讨高管薪酬对公司绩效的影响,本书在借鉴现有研究的基础上,考虑到五粮液公司在生产经营决策和投资决策时很可能受通货膨胀的影响,所以本文选择以货币供应(M2)年增长率与GDP增长率之差作为反映通货膨胀的替代变量,当此变量数值为正,表示整个经济体系的货币供给量支撑GDP增长所需还有剩,意味着货币供给大于货币需求,反映此时经济体处于较为宽松的货币期间,根据经济学理论此时即为通货膨胀期间;反之则为非通货膨胀期间。

2. 研究模型构建

公司绩效受到多种现象变动的影响,基于上面选定的相关变量,本文在基于五粮液公司绩效视角的高管薪酬激励的有效性研究中建立了如下的回归模型。

$$Y_i = \beta_0 + \beta_{1i}X_1 + \beta_{2i}X_2 + \beta_{3i}X_3 + \beta_{4i}X_4 + \varepsilon_i \tag{8-1}$$

其中 Y_i 为综合绩效,下标的 $i=1$,2表示不同权重所计算而得的综合绩效,分别有产业加权绩效($i=1$)、自身加权绩效($i=2$)两种。

X_1——高管持股人数比例;

X_2——高管持股数比例;

X_3——通货膨胀指标;

X_4——高管货币薪酬占主营收入比;

ε_i——随机误差项。

3. 数据来源与样本选择

在数据的筛选中,选取五粮液公司1998~2016年19年样本数据。本文采用的数据资料来源于RESSET锐思金融数据库、CCER金融数据库。采用Office、Excel以及SPSS17.0统计软件,对所有数据进行处理和检验。

二、五粮液公司高管薪酬激励的有效性检验

(一) 对样本描述性统计分析

本文对1家企业连续19年的数据各因变量和自变量作了描述性统计分析,包括计算各变量的均值、最大值、最小值、标准差以及方差。详细数据资料如表8-4所示。

第八章 基于绩效视角的高管薪酬激励有效性研究——以五粮液公司为例

表8-4 样本描述统计量

项目 变量	样本数	极小值	极大值	均值	标准差
Y_1	19	0.218 500	0.513 700	0.349 942 11	0.082 078 156
Y_2	19	0.437 000	1.027 400	0.699 868 42	0.164 175 53
X_1	19	0.529 412	0.857 143	0.706 167 51	0.099 017 634
X_2	19	0.001 610	0.106 706	0.029 050 55	0.032 298 472
X_3	16	−0.064 148	0.191 699	0.035 800 12	0.056 535 780
X_4	19	0.000 074	0.000 685	0.000 271 36	0.000 236 341

从表8-4中可以看出：自身加权绩效（0.699 8）高于产业加权绩效（0.349 9），但自身加权绩效的标准差（0.164 2）也高于产业加权绩效的标准差（0.082 0），表示自身加权绩效有较高的波动性，自身加权绩效的波动较能反映出五粮液公司的绩效变化和激励政策更替情况。X_1、X_2、X_3、X_4 这四组数据中，X_1 的样本数据标准差为0.099 0，相对于 X_2、X_3、X_4 样本来说，X_1 的离散程度较大，四个自变量样本中，X_4 的标准差最小，表示在三种激励形式中，过去19年间高管持股人数（X_1）的变化情况高于高管持股比例（X_2）和高管薪酬占主营收入比例（X_4）的变化。X_3 的样本数据均值为0.035 8，即3.58%，以国际通用的5%的警戒线来看，通货膨胀对五粮液公司在生产经营决策和投资决策时的影响不大，在控制范围内，后文将不再讨论。

(二) 对样本数据的相关性和回归分析

相关性是指变量之间不确定的数量依存关系，就是当自变量取一定数值时，与之相关的因变量不是只有唯一一个数值与之对应，而是可能有若干个数值与之对应，这些数值表现出一定的随机波动性，但又总是以一定的规律围绕其均值上下波动。

相关分析是根据样本数据计算相关系数，以此来说明变量之间相关的密切程度。

回归分析是研究存在相关关系的变量之间具体的数量变化关系。本书通过变量之间的统计分析，分析变量之间的相关性，其次进行回归分析，最好对回归模型进行回归系数检验并得出结论。

1. 对模型数据进行相关性检验

在 19 个样本数据在进行多元的回归分析中，本文采用 Pearson 简单相关系数这种方法对该模型进行相关性的检验。详细数据资料如下表 8-5 所示。

表 8-5 样本相关系数表

项目	产业加权绩效（Y_1）	自身加权绩效（Y_2）	持股人数比例（X_1）	持股股数比例（X_2）	通货膨胀指标（X_3）	薪酬营收占比（X_4）
产业加权绩效（Y_1）	1.000	1.000	0.725（0.000）	0.798（0.000）	0.216（0.187）	−0.436（0.031）
自身加权绩效（Y_2）	1.000	1.000	0.725（0.000）	0.798（0.000）	0.216（0.375）	−0.436（0.062）
持股人数比例（X_1）	0.725（0.000）	0.725（0.000）	1.000	0.835（0.000）	0.321（0.090）	−0.521（0.011）
持股股数比例（X_2）	0.798（0.000）	0.798（0.000）	0.835（0.000）	1.000	0.158（0.259）	−0.598（0.003）
通货膨胀指标（X_3）	0.216（0.187）	0.216（0.375）	0.321（0.090）	0.158（0.259）	1.000	−0.145（0.277）
薪酬营收占比（X_4）	−0.436（0.031）	−0.436（0.062）	−0.521（0.011）	−0.598（0.003）	−0.145（0.277）	1.000

注：表中为 Pearson 相关系数，加注括弧的为显著性（P-value）。

由表 8-5 相关系数表提供信息发现，高管持股人数比例（X_1）和高管持股股数比例（X_2）高度相关，为了避免回归估计时可能因为自变量之间高度相关形成的共线性问题，本文后续在进行回归估计时，高管持股人数比例（X_1）和高管持股股数比例（X_2）必须择其一分次进行回归，因此除了（8-1）式之外，还可分别进行以下实证模型估计。

$$Y_i = \beta_0 + \beta_{1i}X_1 + \beta_{3i}X_3 + \beta_{4i}X_4 + \varepsilon_i \tag{8-2}$$

$$Y_i = \beta_0 + \beta_{2i}X_2 + \beta_{3i}X_3 + \beta_{4i}X_4 + \varepsilon_i \tag{8-3}$$

另外，通货膨胀和绩效之间的相关系数为正，隐喻着通货膨胀对绩效可能存在着正向影响，使得公司高管激励政策对绩效的促进作用可能因为通货膨胀而被稀释，但这仅止于变量之间的相关系数关系，实际上，通货膨胀和激励政策对综合绩效的影响，仍须待后续回归结果分析后才能知晓。以下依序就第（8-1）式至第（8-3）式，分别以产业加权绩效（Y_1）和自身加权绩效（Y_2）进行回归估计结果与分析。

第八章 基于绩效视角的高管薪酬激励有效性研究——以五粮液公司为例

2. 对多元回归模型分析及模型检验

无论是否考量自变量之间高度相关造成的共线性问题，高管持股人数(X_1)的增加，以及高管持股比例(X_2)的提升，均有益于五粮液公司的绩效表现，而薪酬营收占比(X_4)对绩效并无显著的促进作用。其次在本文中，高管持股人数(X_1)与高管持股比例(X_2)都是比例值，从回归系数值的相对大小可知，高管持股比例(X_2)对于公司绩效表现的助益效果明显优于高管持股人数(X_1)，说明了五粮液公司在制定高管薪酬激励政策时，应该更加着重高管持股比例的提升。关注高管持股比例不仅能显示公司对持股高管的重视度，也能体现持股高管对公司绩效的附加价值，将高管利益与公司绩效和股东财富挂钩，也能缓解高管因为追求自身利益而可能存在的代理问题。虽然通货膨胀对五粮液公司综合绩效表现影响的回归系数为正，但不显著，表示五粮液公司的综合绩效表现并不因为通货膨胀而异，其原因除了样本期间通货膨胀均值仅为3.58%，低于国际通用的5%警戒水平，本研究认为企业绩效表现主要受到高管人员对公司经营积极投入程度的影响，所以只要有良好适当的激励政策，即可有效提升公司综合绩效。

回归结果中的R方数值并不高，并非本文实证模型解释力不足，而是因为自变量都是比例数值，有可能因此而造成R方数值不高，由F值及其显著性可知，本文实证所采用的6个模型具有良好的配适度。而Durbin-Watson数值也合理，说明了上述6个回归结果的残差序列都具有独立性并无自相关现象。

(三) 实证结论

从以上实证结果可知，五粮液薪酬激励体系中，股权激励是有效的，而货币性薪酬激励效果不显著。考量研究期间的通货膨胀因素后，五粮液公司实行的高管薪酬激励政策中，增加高管持股人数和提升高管持股比例，均能对五粮液公司绩效产生显著的助益效果，其中提升高管持股比例对公司绩效的助益效果更胜于增加高管持股人数，而提高高管薪酬营收占比的政策对公司绩效的提升作用不显著。

第三节 基于绩效视角的五粮液公司高管薪酬激励的建议

一、引入基于 EVA 的企业高管货币薪酬激励模式

EVA 是由美国的思腾思特咨询公司提出的一种业绩与薪酬激励相结合的指标。它是公司业绩度量的一种有效指标，是公司从税后净利润中提取包括股权和债务的所有资金成本后的经济利润。EVA 既考虑了资本成本，让管理者更加理性地吸收和使用资本，又是投资决策的最佳工具，是企业加强财务管理、衡量企业绩效及奖励机制的框架。五粮液公司只有用 EVA 方法建立公司业绩评价体系，才能使公司完全进入市场经济的动态竞争中，能有效引导五粮液公司高级管理队伍的决策行为，使五粮液公司经营者和股东的利益得到有机的协调和统一。EVA 薪酬激励计划可以兼顾公司短期业绩和长期业绩，因此 EVA 激励薪酬计划具有短期和长期激励的协同效应。只有引入 EVA 的企业高管货币薪酬激励模式，才能解决五粮液公司当前存在的高管货币报酬极不协调的增长现状，使高管薪酬随着公司绩效的增长同方向协调增长，这样既可以激励高管的有效决策行为，又可以促进公司绩效的稳步提升，达到经营者和股东的利益得最大化。

二、优化高管薪酬结构

要建立既体现国有企业特点又符合市场经济规律的薪酬分配机制，不仅是降薪、限薪，还应积极对薪酬的结构进行调整。当前我国国有企业在薪酬激励方面还是以短期激励为主，在薪酬长期激励和其他非货币薪酬（福利保障）方面比较欠缺。高管薪酬的结构合理对高管有明显的激励效应。合理的薪酬结构既可以降低短期激励，又可以提升长期激励。当前五粮液公司高管的薪酬结构为基本年薪和绩效年薪两部分组成，都是以短期激励为主，缺乏长期激励。五粮液公司应该

不断优化高管薪酬模式，使当前的薪酬模式变为"基本年薪＋短期绩效＋长期绩效＋边缘薪酬"。基本年薪是公司对高管经营能力的市场认可，短期绩效是公司对高管当年能力发挥效果的绩效评价，长期绩效是公司对高管在公司持续经营5年甚至更长期限的长远价值贡献的绩效评价，边缘薪酬主要是指非货币性的福利（主要包括带薪假期、免费定期体检、补充保险、晋升机会等），它主要体现了公司的人文关怀。在上述薪酬模式的基础上，五粮液公司应该参考当今全球各地公司的薪酬结构比例（香港地区，高管的固定薪酬大约在55%，另外，年度奖金和长期激励分别占20%和25%；而日本高管的固定薪酬比例却较高，大约在75%，年度奖金和长期激励在10%和15%；相反，美国高管的固定薪酬就比较低，仅有30%，而其年度奖金和长期激励却分别占到了16%和54%），结合我国市场环境和五粮液公司的具体情况确定基本年薪、短期绩效、长期绩效占总薪酬的比例关系。在薪酬激励中，以基本薪酬和短期绩效为保障，以长期绩效激励为主，应该使长期绩效激励占高管货币薪酬激励的比重在50%以上（张燕红在《高管薪酬激励对企业绩效的影响》中，对10 811个样本中股权激励部分占全部高管薪酬总额的比重达到50%以上的3 633样本进行研究，结论是股权占比达到50%的高管激励性最大）。长期绩效薪金延期到离任或连任的第二年兑现。通过优化五粮液公司高级管理人员薪酬结构使该公司的高管薪酬营收占比对公司绩效的提升作用显著，以利于公司通过对高管的薪酬激励达到提升公司绩效的目的。

三、建立股权激励机制

由于我国上市公司内部运行机制和外部市场环境尚不健全，公司治理结构不完善，股权激励制度目前仅处于试点阶段。高管的经营行为有两类，一类是为了提升企业短期业绩的经营行为，一类是为了企业长远发展的长期经营行为。大量的研究显示，合理的薪酬制度应该建立起与高管的两类行为相匹配的激励机制。然而，至今没有看到五粮液公司对高管人员的股权激励政策出台，为了激励高管对公司的长期经营行为，五粮液公司应该尽早建立对高管的长期激励政策。2005年中国证监会、国务院国资委、财政部、中国人民银行、商务部联合发布的《关于上市公司股权分置改革的指导意见》中规定，完成股权分置改革的上市公司"可以实施管理层股权激励"。当公司高管的主要收入由经营的基本年薪和绩效年薪转变为资本市场得利时，其经营的关注点将从净资产、净利润等静态财务指标更多地转向股票市值等动态价值指标。只有实现"基本年薪+短期绩效"和"长期绩效"的边际收益相等，才可能达到最好的薪酬激励效果。2017年吕洁在《国企价值增值、高管努力选择与最优长期激励研究——来自我国上市公司的经验证据》的研究结论中强调："为了强调公平性，国企高管的长期激励水平可以适当低于民企的激励水平，最优的股权激励数量占总股本的比例应在3%~4%左右。"然而，五粮液公司上市19年的数据资料显示，高管持股数占股本的比例最高为0.02%，最低比例为0.007%。这足以说明五粮液公司应通过大幅提升高管的持股比例达到股权激励的效果。根据统计，我国高管的持股比例平均为1.47%，五粮液公司要不断加大高管的持股比例，让外部的市场机制来弥补公司与高管的契约不完善这一问题。只有实施合理的股权激励政策，才能增强公司高管追求企业长期价值增值的动力，从而使公司绩效得到有效提升。

四、建立科学的业绩评价指标体系

在现代化企业发展中，业绩评价对企业整体的利润最大化起到了不可替代的作用。同时，业绩评价也是对企业高管经营管理进行有效监督的基础。五粮液公司当前对高管的业绩评价系统由民主测评和综合考核两部分构成，其业绩考核虽然也包括了德、能、勤、廉、绩及工作能力、分管工作难度、分管工作业绩、工作配合程度等多方面的综合考核，但从科学的评价体系来说，还是有很多的不足。五粮液公司应该在当前绩效评价的基础上增加公司经营风险评价、公司经营创新评价、公司成长性评价、承担社会责任评价等多方面的评价指标。科学、合理的绩效评价体系应该是全面与系统、绝对和相对、纵向和横向、财务和非财务、短期和长期等相结合。只有对公司高管建立科学的业绩评价指标体系，同时结合有效的高管薪酬激励机制，才能更好地激发高管为公司大胆创新工作的积极性，由此而来的是新技术的开发，新方法的创新，就更利于五粮液公司更好的发展。

参考文献

[1] 金萍. 薪酬管理 [M]. 大连：东北财经大学出版社，2006.

[2] 胡昌全. 薪酬福利管理 [M]. 北京：中国发展出版社，2006.

[3] 周斌. 现代薪酬管理 [M]. 成都：西南财经大学出版社，2006.

[4] 刘洪. 薪酬管理 [M]. 北京：北京师范大学出版社，2007.

[5] 张正堂，刘宁. 薪酬管理 [M]. 北京：北京大学出版社，2007.

[6] 李新建，孟繁强，张之富. 企业薪酬管理概论 [M]. 北京：中国人民大学出版社，2006.

[7] 李德伟. 人力资源绩效考核与薪酬激励 [M]. 北京：科学技术文献出版社，2006.

[8] 董克用，人力资源管理概论 [M]. 北京：中国人民大学出版社，2007.

[9] 赵曼. 人力资源开发与管理 [M]. 北京：中国劳动社会保障出版社，2002.

[10] 刘昕. 薪酬管理 [M]. 2版. 北京：中国人民大学出版社，2007.

[11] 俞波南. 高管薪酬差距与公司绩效调节效应研究 [J]. 财会通讯，2013(12)：88-91.

[12] 赵青华. 高管薪酬、激励与公司业绩关系研究述评 [J]. 西部论坛，2010(1)：101-108.

[13] 王绍凤，韦福祥，刘慧. 国有企业高管薪酬评价指标体系研究 [J]. 财会通讯，2012(24)：101-103.

[14] 杨栋,樊颖洁.上市公司高管薪酬公平性研究述评[J].财会月刊,2016(28):111–115.

[15] 康怡,贾炜莹.北京上市公司高管薪酬与公司绩效关系的实证研究[J].财会月刊,2011(32):16–18.

[16] 王柘君,谭璐,王迪.薪酬激励、股权激励与企业绩效[J].全国商情,2016(20):51–54.

[17] 赵俊凯,刘芮竹.上市公司绩效评价体系构建的思考[J].改革与开放,2016(7):15–17.